dtv

In jeder dritten Beziehung prügeln Männer ihre Partnerin. Gewalttätige Männer sind keine Randgruppe und keine »Monster« – sie sind traurige Normalität. Warum üben Jungen und Männer immer wieder Gewalt aus? Wie können sie sich ändern? Joachim Lempert und Burkhard Oelemann wenden sich an betroffene Männer und Frauen; sie wollen keine Feindbilder aufbauen oder nach Schuldigen suchen, sondern den gewalttätigen Männern konkrete Hilfen zur Verhaltensänderung geben. Ihr Hintergrund ist die langjährige Arbeitserfahrung in der einzigen Gewaltberatungsstelle im deutschsprachigen Raum: »Männer gegen Männer-Gewalt«®.

Die Autoren versuchen nicht, das Phänomen »Männer-Gewalt« zu bagatellisieren, sondern sie zeigen, daß die Verantwortung für gewalttätiges Verhalten bei den Männern selbst liegt, und nicht bei der Gesellschaft oder in den verdrängten Ängsten der Täter. Doch mit der Verantwortung für ihr Verhalten liegt bei Männern gleichzeitig auch das Potential für eine Veränderung.

Joachim Lempert ist Diplompsychologe, Kindertherapeut und Gestalttherapeut. Er leitet Fortbildungsseminare für Manager in Wirtschaftsunternehmen. 1988 baute er die Beratungsstelle »Männer gegen Männer-Gewalt«® in Hamburg auf und leitet sie seitdem.

Burkhard Oelemann ist Diplomerziehungswissenschaftler, Rundfunk- und Fernsehautor, Mitarbeiter und Vorstand im Trägerverein von »Männer gegen Männer-Gewalt«®. Beide Autoren leiten das Fortbildungsinstitut »for MALE«.

Joachim Lempert
Burkhard Oelemann

»... dann habe ich zugeschlagen«

Gewalt gegen Frauen
Auswege aus einem fatalen Kreislauf

Deutscher Taschenbuch Verlag

Für Gisela Jaspersen
Für Walter Oelemann

Ungekürzte Ausgabe
Februar 1998
Deutscher Taschenbuch Verlag GmbH & Co. KG,
München

ISBN 3-89458-130-1
Umschlagkonzept: Balk & Brumshagen
Umschlagfoto: © Josh Pulman/TONY STONE
Satz: H & G Herstellung, Hamburg
Schrift: 10/12' Garamond
Druck und Bindung: C.H. Beck'sche Buchdruckerei,
Nördlingen
Gedruckt auf säurefreiem, chlorfrei gebleichtem Papier
Printed in Germany · ISBN 3-423-35139-X

Inhalt

Vorwort

»Ich war total wütend und auch eifersüchtig. Wir stritten uns... und dann habe ich zugeschlagen. Es war nicht das erste Mal. Ich habe sie in letzter Zeit immer häufiger geschlagen. Aber so schlimm wie jetzt war es noch nie.«

So oder ähnlich beschreiben gewalttätig gewordene Männer die Situation, wenn sie zu »Männer gegen Männer-Gewalt«® kommen.

Wir arbeiten seit Jahren in der bundesweit einzigartigen Kontakt- und Beratungsstelle für Männer gegen Gewalt von Männern. Auf der Grundlage unserer Praxis setzen wir uns in dem vorliegenden Buch erstmals aus der Perspektive der Männer beziehungsweise Täter mit dem Tabuthema Männer-Gewalt auseinander. Wir räumen mit Vorurteilen und gesellschaftlich tradierten Klischees auf, beleuchten die Hintergründe männlicher Gewalt und zeigen Orientierungshilfen und Wege aus der Gewalt auf.

Am Anfang erklären wir, was Gewalt ist. Im zweiten Schritt stellen wir Formen und Ausmaß häuslicher Männer-Gewalt dar und brechen mit Mythen und Gerüchten über Gewalttäter und ihre Opfer. Der Gewaltkreislauf, in den die meisten Paare geraten, wird in mehreren Phasen geschildert, bevor eine eingehende Untersuchung möglicher Gründe, Anlässe und Bedingungen männlicher Gewalt angestellt wird. Dabei ziehen wir »innere« wie auch »äußere« Faktoren in Betracht. Im letzten Abschnitt nehmen wir Stellung zur gängigen Behandlung von Gewalttätern in der Strafjustiz einerseits und Sozialarbeit andererseits und eröffnen schließlich alternative Herangehensweisen, mit denen wir selbst großen Erfolg haben.

Fünf Beispiele unserer beraterischen Praxis illustrieren am Ende des Buches einige Erfahrungen unserer Arbeit.

Mittlerweile (seit der ersten Auflage des Buches) haben wir expandiert. In Deutschland wurden weitere Beratungsstellen gegründet und haben ihre Arbeit aufgenommen. In Österreich wird aller Voraussicht nach noch dieses Jahr eine Beratungsstelle eröffnet. Seit November 1997 gibt es in der Schweiz die erste Ausbildungsgruppe zur Gewaltberatung in Kooperation mit einer Hochschule.

Während sich die Bemühungen von »Männer gegen Männer-Gewalt« auf die Täter, also gewalttätige Jungen und Männer, konzentriert, richtet sich dieses Buch auch an betroffene Frauen, an interessierte Männer, an Psychologinnen und Psychologen, Pädagoginnen und Pädagogen, Richterinnen und Richter sowie öffentliche Institutionen.

Wir hoffen, mit diesem Buch einen Beitrag zur Veränderung gewalttätiger Männer zu leisten.

Hamburg, im Januar 1998

Joachim Lempert
Burkhard Oelemann

I
»Gewalttätig werden nicht Menschen, sondern Männer«

Körperliche Gewalt

Gewalt bedeutet für uns jede körperliche Verletzung einer Person durch eine andere und die Androhung von physischer Gewalt. Das gilt ebenso für den Begriff »Männer-Gewalt«. Diese Definition entspricht nahezu dem Alltagsverständnis, das Gewalt mit tätlicher Beeinträchtigung, also schlagen, treten, töten, assoziiert. Frauen denken überdies an Vergewaltigung, also an sexualisierte Gewalt.

In der Wissenschaft hat sich bislang kein einheitlicher, klar abgegrenzter Gewaltbegriff etabliert. Zum Beispiel ist für manche Aggression und Gewalt das gleiche, wohingegen wir elementare Unterschiede sehen (siehe unter »Gewalt versus Aggression«).

Selbstverständlich gibt es viele Verhaltensweisen, die sich zerstörerisch auswirken, beispielsweise die Vernachlässigung von Kindern. Hierbei handelt es sich nach unserer enggefaßten Definition *nicht* um Gewalt, sofern die Vernachlässigung nicht von physischer Gewalt oder ihrer Androhung begleitet wird.

Diese Einengung des Gewaltbegriffs verfolgt nicht das Ziel, bestimmte Verhaltensformen zu bagatellisieren. Im Gegenteil: Der inflationäre Gebrauch des Begriffs »Gewalt« für alles, was schlimm ist, führt dazu, daß im Endeffekt ein böser Blick, lautes Schreien oder auch Schweigen, sexuelle Mißhandlungen oder eine Ohrfeige unterschiedslos als Gewalt angesehen werden und damit im Prinzip dasselbe sind.

Unsere Gewaltdefinition legt eindeutig fest, wann Gewalt ausgeübt wird. Der einer Gewalttat eventuell vorangegangene Streit ist auch schlimm – aber noch keine Gewalttat. Erst die Differenzierung ermöglicht eine unterschiedliche Vorgehensweise bei dem Bemühen um eine Veränderung. Streitverhalten läßt sich ebenfalls verändern, jedoch muß auf andere Weise daran gearbeitet werden als an Gewalthandlungen. In unserer Beratung wie auch in diesem Buch konzentrieren wir uns auf die handgreifliche Gewalt.

Gewalt ist gewollt

Wir sprechen also von Gewalt im Sinne der Gewalttat. Wir verstehen den Begriff »Gewalt« grundsätzlich als Handlungsbegriff, als einen intentionalen Handlungsbegriff. Jeder Gewalthandlung liegt eine bestimmte Intention zugrunde, eine Entscheidung zur Gewalt. Gewalt ist ein willentlicher, selbst zu verantwortender Akt. Es gibt keine Gewalt aus dem Affekt. Der Ursprung jeder Gewalttätigkeit ist eine bewußte, vorsätzliche Entscheidung. Wenn der Mann jemanden schlägt, muß er ausholen, und in dem Moment, in dem er ausholt, entscheidet er sich bewußt dazu zuzuschlagen. Der Mann faßt den Entschluß zum Schlagen. »Es« kommt nicht über ihn, er ist keine Marionette.

Gewalthandlungen als Kurzschlußhandlungen zu bezeichnen, bedeutet eine Verharmlosung der Gewalt. Alle Männer, mit denen wir gearbeitet haben, bestätigten, daß es einen Entscheidungspunkt gab, zuzuschlagen oder nicht zuzuschlagen. *Nach* der Entscheidung kam es mitunter zu einer Phase von affekthaftem und unkontrolliertem Verhalten, in der der Mann nicht mehr wußte, was er tat, in der jegliche Beherrschung ausgeschaltet war. Aber *vor* der Gewalttat, und darauf kommt es an, hatte er diese Wahl. Genauso wenig gibt es einen Banküberfall aus dem Affekt. Der ist geplant, der »passiert« einem Räuber nicht.

Häusliche Gewalt

Die normale Gewalttat findet zu Hause statt. Ein berufstätiger Mann hält sich gewöhnlich zehn bis zwölf Stunden am Tag außer Haus auf. Obwohl er an seinem Arbeitsplatz Belastungen ausgesetzt ist, wird er in dieser Zeit nicht gewalttätig. Die meisten gewalttätigen Männer üben außerhalb ihres Zuhauses überhaupt keine Gewalt aus, sondern nur zu Hause und nur gegenüber der Partnerin, seltener gegenüber den Kindern. Wenn die Opfer der Gewalt Zufallsopfer wären, müßte, statistisch gesehen, einmal der Chef, einmal der Kollege und vielleicht auch einmal die Frau das Opfer sein. Das aber trifft nicht zu. Männliche Gewalt äußert sich meistens nur als »häusliche Gewalt« oder »Beziehungsgewalt« gegenüber der Frau.

Natürlich werden Männer auch außerhäuslich gewalttätig. Aber auch diese Gewalt ist nicht zufällig. Die Treffen für eine Hooligans-Schlägerei beispielsweise sind geplant, verabredet. Sobald die Gegner auftauchen, kann die Prügelei beginnen.

Vorurteile

Neben dem Vorurteil, daß die Gewalthandlung aus dem Affekt geschieht, ist das Vorurteil weit verbreitet, daß unter Alkoholeinfluß häufiger zugeschlagen wird als im nüchternen Zustand. Auch in diesem Punkt spricht die Erfahrung, die wir in der Arbeit mit gewalttätigen Männern machen, dagegen.

Solche Vorurteile können fatale Konsequenzen haben: Männer betrinken sich, um enthemmter zuzuschlagen oder gröber zu mißhandeln. Denn sie wissen, daß sie alkoholisiert nicht in demselben Maß zur Verantwortung gezogen werden. Sogar im Falle eines Gerichtsverfahrens können sie mit Strafminderung rechnen.

In der Vergangenheit beschäftigten sich vor allem Frauen

mit den Opfern von Gewalt und erforschten deren Innenleben. Wie Täter ihre Gewalt erleben, wie es zum Ausbruch der Gewalt kommt, liegt weitgehend im dunkeln. Wirklich definitives Wissen über die Täterseite ist kaum vorhanden. Die Annahmen und Vorurteile besagen, daß die Gewalttat »aus heiterem Himmel« geschehen sei oder mit Alkohol zusammenhinge oder durch soziale Indikatoren (wie zum Beispiel beengte Wohnverhältnisse oder finanzielle Probleme) verursacht sei. Dem ist nicht so.

Ziel unserer Beratungsstelle und dieses Buches ist unter anderem, das Defizit an Wissen über die Täter zu verringern.

Schuld und Verantwortung

Kein Mann wird ohne Intention gewalttätig. Wenn ein Mann behauptet, er habe ohne Absicht zugeschlagen, versucht er damit, Schuld, Schuldzuweisungen und Verantwortung abzustreiten.

In unserer Arbeit geht es darum, daß der gewalttätige Mann die Verantwortung für sein Handeln übernimmt.

Die Verantwortung muß eindeutig zugeordnet werden, da man nur darauf Einfluß nehmen kann, wofür man auch Verantwortung trägt. Wenn »es« über den Mann kommt, kann er nichts ändern. Auf »es« hat er keinen Zugriff. Genauso wenig hat er Einfluß darauf, daß »es« regnet. Er kann sich bestenfalls vor dem Regen schützen, vermeiden kann er ihn nicht. Häusliche Gewalt wird oft wie Regen betrachtet. Wir wollen mit unserer Arbeit erreichen, daß aus Männern, die behaupten: »Es« kommt über mich, Männer werden, die sagen: Ich habe zugeschlagen, und ich habe es auch gewollt. Erst dann können sie sich entschließen: Ich will nicht mehr zuschlagen, ich will mich verändern.

Intention heißt, etwas zu beabsichtigen, sich für etwas zu entscheiden. Jeder gewalttätige Mann weiß zwar, was er tut, aber er weiß nicht, was ihn dazu bringt und was er damit bezweckt. Über die Intention, die Absicht seiner Gewalthandlung ist sich der Mann nicht im klaren.

Ein weiteres Problem bei der Lösung von Gewalt ist die Verquickung von Schuld und Verantwortung. Auch wenn ein Paar nicht darüber spricht, ist die Gewalt des Mannes gegenüber seiner Partnerin ein Thema der Beziehung. Es herrschen Angst vor der nächsten Gewalttat, Hoffnung auf Zeiten ohne Gewalt, schließlich Resignation. Viele Männer lehnen ihre eigene Gewalttätigkeit ab und fragen sich, wie sie sie verhindern können. Über mehrere Jahre bemühen sie sich, nicht mehr gewalttätig zu sein – mit dem erschütternden Ergebnis, noch gewalttätiger zu werden. Sie verweigern die Verantwortung, weil sie es nicht ertragen, sich schuldig zu fühlen. Schuld daran zu sein, die Frau, die sie eigentlich lieben, krankenhausreif geschlagen zu haben, erscheint ihnen unerträglich. Indem Täter die Schuld von sich weisen, lehnen sie auch ihre Verantwortung ab.

Die Frage »Wer hat Schuld?« bedeutet oft dasselbe wie »Wer hat angefangen?«. Das führt weder zu Klarheit noch zu Veränderung, nicht einmal zu einer Änderungsmöglichkeit. Solange das Bemühen der Partner allein darin besteht, keine Schuld zu haben, um nicht zum »Sündenbock« in der Beziehung zu werden, wird eine Veränderung verhindert – und nicht die Gewalt. Die Schuldfrage macht handlungsunfähig. Veränderungsmöglichkeiten gewinnt man erst, wenn man für das, was man getan hat, Verantwortung übernimmt. Weil das Zuschlagen – in unserem Fall – immer der Mann zu verantworten hat, da es seine Hand ist, die zuschlägt, gleichgültig, was vorher geschehen ist, kann er und nur er die Gewalt in Zukunft vermeiden.

Ein Schuldgefühl stellt sich nach einem Gewaltakt beim Mann sofort ein. Auch aus diesem Grund spricht ein Mann, der seine Frau mißhandelt, mit niemandem darüber und versucht, gegen dieses Schuldgefühl anzukämpfen. Er verheimlicht seine Gewalttätigkeit. Dieses unterschwellige Schuldgefühl ist nicht nur unproduktiv, es ist gefährlich. Denn der Mann bleibt mit einem Problem alleine, das alleine nicht gelöst werden *kann.* Sich mit jemandem darüber zu unterhalten, auszusprechen, hieße jedoch, daß die eigene Schuld offenkundig wird – und dazu darf es keinesfalls kommen. Deshalb verschweigt der Täter seine Gewalt. Geheimhaltung fördert Gewalt!

Täter und Opfer

Die Schulddebatte hat noch andere Facetten. Eine davon ist die Parallelisierung von Tätern mit Schuld und von Opfern mit Unschuld, soll heißen: schuldige Täter und unschuldige Opfer.

Für den Mann klingt diese Festlegung wie eine unwiderrufliche Verurteilung. Deshalb entwickelt er von vornherein Widerstand, sich mit seiner Gewalt auseinanderzusetzen. Auf der anderen Seite müssen Frauen, die Opfer von Gewalthandlungen sind, erst dazu motiviert werden, sich nicht mehr mit ihrer Opferhaltung abzufinden. Opfer werden nicht nur für unschuldig gehalten, sie gelten zudem als lammfromm. Eine Frau, die Gewalt erfahren hat, wird durch diese Unschuldzuweisung genötigt, keine Wut zuzulassen und folglich weiterhin zu leiden.

Moralische Zuschreibungen wie Schuld und Unschuld sind also höchst kontraproduktiv und blockieren beide Seiten.

Täter haben trotzdem ein großes Interesse an solchen Verurteilungen. Indem der Mann behauptet, daß ihn die Frau provoziert hat, und die Frau glaubt, schuld daran zu sein, geprügelt zu werden, ja die Gewalt selbst verursacht zu haben, wird jeder Ausweg für die Frau aus der Beziehung abgeschnitten. In einer anderen Partnerschaft würde sie, so gesehen, zu Recht und ebenso mißhandelt. Verwischt wird von den Partnern:

– wer was getan hat
– wer wofür verantwortlich ist
– wer sich wofür schuldig fühlt.

Diesem Gedankengang folgend, müßte eine Frau die Gewalthandlung eines Mannes in Zukunft verhindern – was sie natürlich nicht kann. Sie versagt und fühlt sich abermals schuldig, denn wenn sie es »gut« angestellt hätte, würde der Mann sie nicht mehr schlagen »müssen«.

Sobald ein Mann lernt, Verantwortung zu übernehmen, fühlt er sich auf eine Weise schuldig, die Reue zuläßt. Nur dann ist es eine Schuld, die Veränderung bewirkt. Schuld ohne ein Gefühl der Reue führt dazu, die eigene Gewalttätigkeit nicht wahrhaben zu wollen, erst Schuld, in der bereut wird, hat praktische Konsequenzen.

Im Gefängnis wird mit dem Thema Schuld übrigens auf eine ähnlich destruktive Art umgegangen. Inhaftierte sind verurteilt und fühlen sich schuldig, lehnen sich allerdings gegen die Schuld auf und verschließen sich. Die Männer werden im Gefängnis nicht weicher, sondern härter. Sie bereuen nicht, sondern wehren sich gegen Schuldgefühle und benötigen alle Kraft zur Leugnung ihrer Schuld. Deshalb verändert sich in der Regel nichts oder nur geringfügig etwas bei ihnen.

»Es gibt keine Gewalt, es gibt nur berechtigte Gegengewalt«, heißt es in der Logik von Tätern. Diese Gewaltdefinition dient dem Täter vortrefflich, Verantwortung und Schuld von sich zu weisen, indem die Ursache, der Anfang, das, was ihn zur Gewalttat getrieben hat, bei anderen gesucht und festgemacht wird. In gesellschaftlichen Zusammenhängen jeder Größenordnung, selbst in der Weltpolitik, herrscht diese Sicht vor. Der andere hat angefangen, der andere hat folglich Schuld, man wehrt sich nur, übt also berechtigte Gegengewalt aus.

Gewalt ist Männersache

Gewalt ist ein Thema von Männern. Gewalt geht in dieser Gesellschaft von Männern aus, nicht von Menschen (vergl. Bundeskriminalamt, Polizeiliche Kriminalstatistik). Zwischen 90 und 95 Prozent aller körperlichen Gewalttaten werden von Jungen und

Männern, unter 10 Prozent von Frauen und Mädchen ausgeübt. Aufgrund dessen haben für uns die 95 Prozent der Gewalthandlungen beziehungsweise ihre Veränderungsmöglichkeiten Vorrang.

In den letzten Jahren wurde immer wieder auf einen enormen Zuwachs von Frauen-Gewalt hingewiesen. Tatsächlich nimmt die Gewalt um 50 Prozent zu, wenn Gewalttaten von Mädchen und Frauen beispielsweise von 5 Prozent auf inzwischen 7,5 Prozent angestiegen sind. Aber diese statistischen Spielereien führen bewußt in die Irre. Daraus wird nur deutlich, daß ein gewalttätiges Mädchen größere Aufmerksamkeit als ein Junge oder Mann erregt. Es fällt mehr auf, weil es nicht »normal« ist, weil nicht erwartet wird, daß ein Mädchen oder eine Frau Gewalt ausüben. Wenn sich Jungen auf der Straße balgen oder Männer in der Kneipe prügeln, ist das nichts Ungewöhnliches. Es hat »seine Richtigkeit«. An dieser Stelle wird, sogar in der Fachliteratur, Gewaltakzeptanz mit Gewalttätigkeit verwechselt. Ein folgenschwerer Irrtum.

Warum gehen fast alle Gewalthandlungen von Männern aus?

Gewalt gehört in den männlichen Lebenszusammenhang wie Essen und Trinken. Von klein auf wird dem Jungen nahegelegt, sich »durchzuschlagen«. Ein Mann muß stark sein und beschützen können. Zum Männerbild gehört, aktiv und handelnd aufzutreten. Deshalb entspricht selbst ein Mann, der gewalttätig ist, diesem Rollenbild (zum Rollenbild siehe Kapitel IV). Er tut etwas, was von ihm erwartet wird. Gleichzeitig wird er aber dafür verurteilt. Darin besteht für viele Männer ein scheinbar unauflösliches Dilemma.

Männer, die zu uns in die Beratungsstelle kommen, verstehen das, was sie tun, selbst als Gewalt. Unsicherheit äußern sie höchstens darüber, ob eine Ohrfeige auch schon zur Gewalt zählt. Worte fassen die Männer nicht als Gewalt auf. Erst wenn sie einsehen, wie schlimm körperliche Gewalt für das Opfer ist und sie selbst nicht mehr gewalttätig werden, entwickeln sie ein Verständnis für die Verletzung durch Worte.

In unserer Arbeit haben wir also einerseits eine individualistische Sicht auf Männer-Gewalt, andererseits erachten wir die Gewalttätigkeit von Männern als ein geschlechtstypisches Problem. Diese gesellschaftliche Perspektive, Gewalt »männlich« zu nennen, eröffnet uns eine zusätzliche, nämlich politische Dimension unserer Arbeit.

Gewalt versus Aggression

Wir möchten nun versuchen, Gewalt von Aggression abzugrenzen und unseren Aggressionsbegriff zu erläutern. Im allgemeinen wird Aggression von Gewalt nicht oder nur graduell unterschieden. Auch in der Wissenschaft betrachtet man Aggression gewöhnlich als Vorstufe von Gewalt oder umgekehrt Gewalt als Ergänzung der Aggression, also in unmittelbarem Zusammenhang.

Tatsächlich findet sich in der Forschung weder ein definitiv gefaßter Gewalt- noch ein eindeutiger Aggressionsbegriff, auf den wir uns beziehen könnten. Wir rechnen Aggression nicht zur Gewalt, vielmehr sehen wir sie als eine mögliche Verhaltensform an, um sich durchzusetzen, zu behaupten und abzugrenzen. Etymologisch besagt Aggressivität »herangehen an«. Insofern kann ein aggressives Verhalten durchaus bedrängend und »gewaltig« wirken, doch beinhaltet und intendiert es keine körperliche Verletzung.

Untersuchen wir Gewaltverhalten und Aggressivität nicht in wissenschaftlicher Manier, sondern auf der Basis unserer praktischen Arbeit, stellen wir fest, daß die meisten Männer, die zu uns kommen, nicht aggressiv sein können, daß sie gerade keine »aggressiven Typen« sind. Sie sind eher aggressionsgehemmt, ihnen fällt es schwer, sich abzugrenzen, durchzusetzen und zu behaupten. Sie lassen eine Zeitlang alles über sich ergehen und »rasten« irgendwann aus.

Die Gewalt tritt für die Männer plötzlich und unvorhersehbar auf – *nicht* als Höhe- oder Endpunkt eines langen Streits, einer vorherigen aggressiven Auseinandersetzung. Gewalt ist *keine* eskalierte Aggression.

Der Unterschied zwischen Aggression und Gewalt läßt sich am Kommunikationsmodell von Friedemann Schulz von Thun veranschaulichen.

Horizontal
Das Modell geht davon aus, daß jeder Mensch mit vier »Schnäbeln« redet (»wie ihm der Schnabel gewachsen ist«) und mit vier Ohren hört. Die vier Schnäbel – eines Senders – kommunizieren mit den vier Ohren – eines Empfängers.

Jede Kommunikation umfaßt
- einen Appell
- eine Beziehungsaussage
- eine Inhaltsaussage und
- eine Selbstoffenbarung.

Diese vier Ebenen sind den vier Ohren respektive Schnäbeln zugeordnet.

Wir setzen die vier Schnäbel und vier Ohren in Verbindung mit dem Thema Gewalt und Aggression, die auch eine Form von Kommunikation darstellen. Zunächst betrachten wir eine Gewalthandlung in bezug auf die vier Kommunikationsebenen. Dabei geht es nur um den Gewaltakt selbst, nicht um mögliche Ursachen oder Gefühle vor der Gewalttat.

Die Gewalttat beinhaltet keinerlei Appell, denn in dem Moment, in dem ich zuschlage, sende ich keinen Appell aus (im Gegensatz zur Androhung zuzuschlagen, hat das Zuschlagen selbst keinen appellativen Gehalt). Auf der Beziehungsebene wird nur ausgesprochen, daß ich jemanden verletze. Inhaltlich wird nichts vermittelt. Eine Selbstoffenbarung findet ebenfalls nicht statt, weil derjenige, der zuschlägt, sich selbst im Augenblick der Gewalthandlung gar nicht wahrnimmt und nichts anderes zeigt, als daß er zuschlagen kann. Es ist nicht einmal gesagt, ob er sich traurig, wütend oder hilflos fühlt.

Im allgemeinen wird davon ausgegangen, daß eine Gewalttat

über den Täter etwas »verrät«, zum Beispiel, daß er mächtig ist. Aber das sind Mythen, oftmals Interpretationen aus der Sicht beteiligter Opfer oder unbeteiligter Außenstehender. Eine gelungene Kommunikation zeichnet sich durch Eindeutigkeit aus. Negativaussagen wie »Ich bin nicht zärtlich« gewährleisten keine Eindeutigkeit geschweige denn gelungene Kommunikation. Schließlich lassen Negativaussagen unendlich viele Möglichkeiten offen, wodurch sie einem Kommunikationspartner faktisch nicht als Antwort dienen.

Wir können also das Fazit ziehen, daß bei einer Gewalttat die Beziehungsebene die einzige ist, auf der eine unzweideutige Aussage gemacht wird.

Bei Aggressionen hingegen wird auf allen Ebenen kommuniziert. Die Ebene der Selbstoffenbarung fällt dabei besonders ins Gewicht. Ein aggressives Verhalten oder Gespräch enthält ein hohes Maß an Aussage des Senders über sich, da er unverhohlen zum Ausdruck bringt, in welcher Verfassung er ist. Er versteckt sein Befinden nicht. Ein Mensch, der wütend ist, liegt offen da. Er zeigt Emotionen und Betroffenheit. Das Gegenteil davon ist coolness, Aggressionen aber sind »heiße« Gefühle. Darüber hinaus wird ein aggressiver Konflikt meistens verbal ausgetragen. Die Gefühle werden nicht bloß in der Körpersprache sichtbar, sie werden artikuliert. Bei einer Gewalthandlung kommt es in den seltensten Fällen zu verbalen Äußerungen. Der Mann redet nicht in der Gewalttat, er schlägt. Außerdem wird durch einen Gewaltakt der Kontakt zum »Kommunikationspartner« abgebrochen, während in der Aggressionshandlung etwas angekündigt wird (wenn-dann). Die in einer Aggression enthaltene Beziehungsaussage ist klarer und direkter als bei einer Gewalttat, indem der oder die andere persönlich angesprochen wird (»Du, dich meine ich«). Im Falle einer gewalttätigen Auseinandersetzung stellt die Partnerin bloß das Objekt der Gewalt dar, es braucht aber nicht eigentlich um sie zu gehen.

Wir resümieren, daß Aggressionen einen hohen Anteil an Selbstoffenbarung haben, der Gewalthandlungen fehlt (vergl. Schulz von Thun 1991).

Vertikal

Neben den genannten vier Ebenen in der Horizontalen einer jeden Kommunikation existieren drei in der Vertikalen. Geraten die horizontalen und vertikalen Ebenen durcheinander, entstehen unweigerlich Mißverständnisse.

In der Vertikalen handelt es sich zum einen um die Ebene der Interpretation, zweitens um die Ebene des Gefühls und drittens um die Ebene der Phänomene. Wir wollen nun Gewalt und Aggression auf diese Ebenen hin überprüfen.

Interpretation heißt nichts anderes, als daß *ich* etwas sehe, einschätze, empfinde. Ich betrachte etwas unter einem bestimmten Aspekt, der in meiner Person gründet, der sich somit nicht ohne weiteres übertragen läßt oder Objektivität beanspruchen könnte. Der Vorteil von Interpretationen besteht darin, daß sie komplexe Sachverhalte vereinfachen, verkürzen und zusammenfassen. Dies aber geschieht auf Kosten des Phänomens, denn ich entferne mich auch von dem, was tatsächlich zu sehen ist. Die Gefahr besteht darin, nicht mehr genau hinzusehen und statt dessen vorschnell zu urteilen. Die phänomenologische Ebene wird nicht genügend beachtet (ähnliches passiert bei Kategorisierungen; dazu weiter unten in Kapitel II). Bei einem aggressiven Menschen sehen wir beispielsweise jemanden, dessen Gesicht rot anläuft, der wild gestikuliert und brüllt. Diese Phänomene lösen bei den meisten Menschen Bedrohungsgefühle aus, die sie daran hindern, distanziert zu bleiben und zu beobachten. Die Bedrohung färbt als massiv wirkendes Gefühl alles andere ein. Die Befürchtung respektive Interpretation lautet demzufolge: »Gleich dreht er durch, jeden Moment schlägt er zu«.

Diese Einschätzung des zukünftigen Verhaltens des anderen kann ganz falsch sein, trotzdem wird sie oft zur Maßgabe für die Beurteilung bestimmter Verhaltensweisen. Strenggenommen ist es aber unmöglich, das Verhalten eines anderen Menschen zu erklären, da ich niemals aus seiner Innenperspektive argumentieren kann.

Die laute Stimme gehört dem Sender, die Bedrohung erlebt

der Empfänger, sie hat mit dem Sender nichts zu tun. Weil aber Bedrohungsgefühle und Gewalt korrespondieren, interpretiert die Mehrzahl der Menschen die Aggression eines anderen kurzum als Gewalt. Damit entfernen sie sich jedoch von demjenigen, der aggressiv auftritt. Meistens wird nur noch die laute Stimme, aber nicht mehr der darin transportierte Inhalt aufgenommen.

Der Sprung vom Phänomen zur Interpretation wird gerade im Zusammenhang von Aggression und Gewalt besonders schnell vollzogen. Dabei können persönliche Erfahrungen eine Rolle spielen.

Aggressionen lösen also dieselben oder verwandte Gefühle aus wie Gewalt. Deshalb werden sie als unmittelbare Vorläufer von oder selbst schon als Gewalt interpretiert. Folgerichtig lehnt man nicht nur Gewalt, sondern auch Aggression ab. Das machen sowohl Sender wie auch Empfänger.

Aggressionen haben vor allem in Zweierbeziehungen eine sehr geringe soziale Akzeptanz. Sie sind verpönt. Sanftheit gilt als »gutes« Gefühl, Wut hingegen als »schlechtes«. Die Partner versuchen daher, ihre Aggressionen zu unterdrücken. Diese – vermeintliche – Lösungsstrategie hat fast immer zur Folge, daß sich der Mann mit der Zeit aus der Beziehung zurückzieht, weil er überhaupt keine Gefühle mehr nach außen bringt, oder daß er gewalttätig wird. Männer, die dagegen ihre Aggressionen akzeptieren, sind weniger gefährdet, gewalttätig zu werden. In unserer Arbeit mit Männern haben wir beobachtet, daß ausgelebte Aggressionen Männer davor bewahren können, gewalttätig zu werden.

Wut, Abgrenzung und Selbstoffenbarung – alle Gefühle, die zur Aggression dazugehören, sind lebensnotwendig. Eine Gesellschaft ohne Aggressionen wird es unserer Meinung nach nicht geben. Aber eine Gesellschaft ohne Gewalt ist denkbar, weil Gewalttätigkeit veränderbar ist. Sie kann überflüssig werden!

»Ich höre eine laute Stimme«, »Ich fühle mich bedroht«, »Er wird gleich gewalttätig« – auf diese Weise interpretieren Frauen fast immer das aggressive Verhalten von Männern als gewalttätiges Verhalten. Diese Interpretation ist keineswegs falsch, aber sie ist eine Interpretation der Empfängerin. Wenn die Empfängerin Aggression als Gewalt deutet, nimmt sie keinen Appell und keine Selbstoffenbarung mehr wahr, sondern erwartet nur noch Verletzung. Solche Mißverständnisse in der Kommunikation können einzig dadurch gelöst werden, daß die Partner – sozusagen auf der Metaebene – darüber sprechen. Partner unterhalten sich so zum Beispiel nach einem Streit über den Streit (vgl. Hlawaty/Lempert 1991).

Zusammenfassung

Wir sehen, welche negativen Auswirkungen eine mangelnde Differenzierung zwischen der phänomenologischen, emotionalen und interpretativen Ebene bei Aggression und Gewalt haben kann. Und wir erkennen, daß es – sowohl auf der Sender- als auch Empfängerseite – wichtig und notwendig ist, Aggressionen zu leben und zu akzeptieren. Aggressionen zu nutzen, um sich unter anderem abzugrenzen, kann Gewalt verhindern. Aggressiv zu sein bedeutet schließlich auch, sich wahrzunehmen und das, was man empfindet, zu offenbaren. Darin besteht der wesentliche Unterschied zwischen Aggression und Gewalt.

Gewalttätigen Männern fehlt in der Regel die Fähigkeit, sich zu spüren. Ein Selbstempfinden, eine Selbstwahrnehmung aber ist Voraussetzung für ein Umlernen. Insofern bedarf es geradezu der Aggressionen, um Gewalttaten vorzubeugen.

Fälschliche Gleichsetzung von Gewalt und Aggression

Sowohl Gewalt als auch Aggressionen sind in unserer Gesellschaft als schlechte und typisch männliche Verhaltensweisen verrufen. Als spezifisch weibliche Eigenschaften werden dagegen Einfühlung, Nachgiebigkeit, Schwäche, Weichheit, Verständnis angeführt. Jungen werden derartige Gefühle und Fähigkeiten von klein auf aberzogen, sie bilden diese Kompetenzen nicht aus.

Diese »weiblichen« Eigenschaften werden weithin mit Friedfertigkeit gleichgesetzt. Friedfertigkeit und Gewalt bilden Gegensätze. Da Aggression und Gewalt im Alltagsverständnis dasselbe sind, wird auch Aggression als Gegenteil von Friedfertigkeit angesehen. Hier haben wir es von neuem mit Begriffsvermischungen zu tun. Bei Männern wird Gewalt mit Aggression verwechselt, bei Frauen Konfliktscheu mit Friedfertigkeit. Frauen wird auch dann Friedfertigkeit unterstellt, wenn sie konfliktscheu sind, und Männern Gewalt, wenn sie aggressiv auftreten. Dabei ist der Unterschied zwischen Gewalt und Aggression eigentlich genau so groß wie zwischen Friedfertigkeit und Konfliktscheu.

Mit der einen wie mit der anderen Gleichsetzung macht man wirkliche Beziehung unmöglich. Konfliktscheu als Friedfertigkeit und Aggression als Gewalt auszugeben verfolgt das Interesse einer moralischen Wertung. Dieser Umwertung geht es um »besser« und »schlechter«, wobei Friedfertigkeit und Konfliktscheu selbstverständlich die besseren und Gewalt und Aggression die schlechteren Verhaltensweisen sind. Mit diesen »verformten« Bewertungen wird ständig argumentiert. Frauen haben ein positives Image, wenn sie einfühlsam, verständnisvoll und weich sind; Männer dagegen ein negatives, wenn sie ihren Aggressionen Ausdruck verleihen, die Konfrontation suchen, sich »durchkämpfen«. Damit wird jeder Mann im gesellschaftlichen Alltag zu einem latenten Gewalttäter, jeder aggressive Mann zu einem aktuellen Gewalttäter erklärt – und zwar unabhängig von seinem tatsächlichen Verhalten und persönlichen Empfinden.

Diese durch gesellschaftliche Normen bei Frauen positiv und bei Männern negativ bewertete Überformung, wonach die Männer als Täter immer als die moralisch schlechteren und Frauen als Opfer als die moralisch besseren Menschen gelten, beeinflußt das Bild, das ein Mann oder eine Frau von sich selbst entwirft. Das Selbstverständnis ist in beiden Fällen anerzogen. Diese geschlechtstypische Zurichtung läßt nur wenig Raum, sich abweichend von der Geschlechterrolle zu verhalten. Die gesellschaftliche Bewertung von Mann und Frau wird auch individuell verinnerlicht. So schätzen sich Frauen im allgemeinen tatsächlich positiver ein als Männer, die ihre Geschlechtsgenossen in einem eher schlechten (kritischen) Licht sehen.

Diese moralische Bewertung hat Folgen für die psychosoziale Beratungspraxis. Beratungsstellen werden ungefähr zu 80 Prozent von Frauen aufgesucht. Etwa 15 Prozent der Ratsuchenden sind Paare, die sich meist auf Betreiben der Frauen beraten lassen. Männer machen um die 5 Prozent der Klienten aus, und fast keiner von denen ist gewalttätig.

Was also in der Sozialarbeit an Gefühlen produziert und verlangt wird, sind »weibliche« Gefühle, die für Männer dermaßen unattraktiv sind, daß sie keinen in eine Beratungsstelle locken. Kein Wirtschaftsunternehmen könnte es sich leisten, derartig an seiner Kundschaft vorbeizuagieren, wie das in psychosozialen Diensten bezüglich der Männer der Fall ist. Die Hälfte der potentiellen Kundschaft fällt qua Geschlecht von vornherein als Klientel weg. Denn mit dem, so heißt es, was Männer einbringen, läßt sich nicht arbeiten. Männer fallen wegen ihres Images (Verschlossenheit, Gefühlslosigkeit oder -kälte etc.) durch das »Beratungsnetz« hindurch. Im Gegensatz dazu haben Frauen etwas zu bieten, woran psychosoziale Helferinnen und Helfer ansetzen und arbeiten können. Auf Dauer ist damit aber niemandem gedient!

II

Verbreitung und Formen von Männer-Gewalt

Beziehungsgewalt ist normal

Eine Untersuchung des Bayerischen Sozialministeriums von 1987 und eine österreichische Erhebung von 1991 belegen, daß »mindestens jede fünfte in einer Beziehung lebende Frau (...) zum Opfer von körperlicher Gewalt« wird (Bundesministerium für Umwelt, Jugend und Familie, Wien, S.5). Dabei handelt es sich nicht um das »Mal-die-Hand-Ausrutschen«, sondern um massive Gewalt mit körperlichen Verletzungen.

Genauere Zahlenangaben über Beziehungsgewaltdelikte gibt es nicht, eben weil diese Übergriffe zu Hause stattfinden und die Familie der Ort ist, der die geringste Kontrollmöglichkeit und einen nur beschränkten Eingriff von staatlicher Seite zuläßt.

Die Dunkelziffer im Bereich der häuslichen Gewalt ist außerordentlich hoch.

Unabhängig von der Schicht

Männer-Gewalt in der Familie und speziell gegen Frauen ist kein schichtspezifisches Verhalten. Gewalt von Männern und Jungen stellt das einzige demographisch gleichmäßig verteilte Verbrechen in unserer Gesellschaft dar. Es ist unter allen Altersgruppen, Bildungsgraden, Schichten, Einkommensgruppen, Körpergrößen usw. verbreitet.

Also gibt es keinen speziellen Tätertyp. Dieser spukt nur in den Köpfen vieler Leute herum.

Zur Verbreitung und Verfestigung von Vorurteilen und Mythen über Gewalttaten trägt auch die Berichterstattung in den Medien bei. Wenn zum Beispiel in der Zeitung von einer Gewalttat die Rede ist, dann wird so getan, als hätte ein Ehepartner den anderen Ehepartner getötet. Daß ein Mann eine Frau mißhandelt oder umgebracht hat, erfährt die Leserschaft nur bei genauerem Hinsehen. Und aus dieser Tatsache werden keine Schlüsse gezogen. Die Geschlechterfrage wird faktisch ausgeklammert. Analysiert oder besser gesagt spekuliert wird über beengte Wohnverhältnisse, Trennungsabsichten der Frau, laute Kinder oder finanzielle Miseren. Diese Details bleiben im Bewußtsein der Zeitungsleser und -leserinnen haften, während das Geschlecht des Gewalttäters überlesen wird. Obwohl von Gewaltdelikten aus allen sozialen Schichten berichtet wird, geht man davon aus, daß Gewalt ausschließlich in sozial schwachen Familien zu Hause ist. Weil die Zugriffsmöglichkeiten sozialer Einrichtungen in schlechteren Verhältnissen größer sind, die Wände dünn sind und die Hemmschwelle, einen Streit nach außen zu tragen, niedriger ist, wird Gewalt hier fast schon erwartet. In Wohngebieten mit typischer Einfamilienhausstruktur gelingt die Vertuschung – auch durch die Frau – und die Wahrung des äußeren Scheins natürlich viel leichter.

Unabhängig vom Alter

In der älteren Generation schlagen die Männer nicht öfter als in der jüngeren. In unserer Arbeit mit Jugendlichen zum Thema Gewalt erzählen uns Mädchen, daß sie von ihrem Freund Schläge bekämen, wenn sie einen anderen Jungen anschauen würden. Einige sagen, das sei normal.

Daß das Alter der meisten Männer, die unsere Beratung in Anspruch nehmen, zwischen Mitte Zwanzig und Mitte Vierzig liegt, läßt sich damit erklären, daß in dieser Lebensphase Beziehungen an Bedeutung und Ernsthaftigkeit gewinnen, eine gemeinsame Zukunft geplant wird, möglicherweise schon Kinder da sind. In diesem Alter und unter diesen Bedingungen ist der Mann nicht so schnell bereit, eine Partnerschaft zerbrechen zu lassen und eine Frau gegen eine andere »einzutauschen«. Seine Beziehung ist ihm viel wert, er will sie erhalten und nicht gleich aufgeben, sobald »Störungen« auftreten. In diesem Alter findet häusliche Gewalt trotzdem nicht öfter statt.

Außerdem stellen die Frauen in dieser Altersgruppe Ansprüche, artikulieren Wünsche und drohen manchmal mit Trennung. Die jüngere Frau nimmt also nicht alles hin, was vielleicht ihre Großmutter erduldet hat oder ihre Mutter noch erduldet. Auch das läßt Männer eine Gewaltberatung aufsuchen. Je älter die Partner sind, desto eingefahrener ist die Beziehung in der Regel auch, und je mehr die Frau »wegsteckt«, desto weniger fühlt sich der Mann veranlaßt, umzudenken und etwas zu ändern.

Daß weniger ältere Männer zu uns kommen, läßt aber keineswegs darauf schließen, daß sie weniger gewalttätig sind.

Abhängig von der Liebe

Männer schlagen die Person am häufigsten, die sie am meisten lieben und an die sie sich am stärksten binden. Wenn es überhaupt eine Typologie von Männern, die Frauen gegenüber gewalttätig werden, geben sollte, dann wären das die Männer, die eine dauerhafte Beziehung eingegangen sind, die die Partnerin nicht verlieren wollen, denen die Partnerin nicht gleichgültig ist. In Zufallsbekanntschaften und Affären kommt es gewöhnlich nicht zur Gewalt. Eine Beziehung ist am gefährdetsten, in die sich der Mann lange und tief eingelassen hat. Frauen leben darum in engen Beziehungen, langjährigen Ehen und intensiven Partnerschaften am gefährlichsten! Täter und Opfer kennen sich zumeist (weshalb die Aufklärungsquote im sozialen Nahbereich überdurchschnittlich hoch ist). Im Grunde müßte eine Frau vor demjenigen Mann am meisten Angst haben, der ihr im Leben am nächsten steht – und nicht vor dem Unbekannten im Nachtbus. Der gefährlichste Ort ist die Familie – und nicht der dunkle Park.

Diese Tatsachen räumen mit der Mär vom »bösen Mann hinterm Busch« auf und stellen unser Weltbild auf den Kopf, das die eigenen vier Wände, das Zuhause als sichersten Ort überhaupt begreift. Die Familie repräsentiert durchaus keinen Schutzraum, keine Enklave, keine gewaltfreie Zone – ganz im Gegenteil. Am

Klischee der heilen Familie wird um so stärker festgehalten, je weniger es der Realität entspricht, und zwar von den Familienmitgliedern selbst, indem Kindern beispielsweise eine »heile Welt« vorgespielt wird, wie auch von Politikern aller Parteien, die die Familie oder einstige Großfamilie glorifizieren, die vierköpfige Familie als den Normalfall darstellen und die alleinerziehende Mutter als Versagerin.

Unabhängig von der Bildung

Gewalt ist keine Frage der Bildung. Bildung zeichnet sich gewöhnlich darin aus, auf einem bestimmten Gebiet Fachwissen erworben zu haben, womit die Kommunikationsfähigkeit innerhalb dieses Bereichs, sprich Beruf, erhöht wird. Einer besseren Auseinandersetzung bei emotionalen Problemen nützt diese Bildungsform allerdings nicht. Ein Hochschulstudium oder eine Fachqualifikation bewahrt nicht vor Gewalttätigkeit. Auch in den Ausformungen und »Härtegraden« unterscheidet sich die Gewalttat eines Akademikers keineswegs von der eines ungelernten Hilfsarbeiters. Der Gründer von »Männer gegen Männer-Gewalt«® war Dozent an der Universität Hamburg und sogar trotz Therapie massiv gewalttätig.

In unsere Beratungsstelle kommen Manager, Professoren und Psychologen aus der Erziehungsberatung, die zum Teil als Therapeuten tätig sind. Wir arbeiten mit dem Bauarbeiter und dem Stationsarzt, dem Sonderschulabgänger und dem Firmenchef. Uns suchen sowohl Bundeswehrsoldaten als auch Zivildienstleistende auf.

Abhängig vom Mann-Sein

Allen gemeinsam ist, daß sie ihr Mann-Sein nicht thematisieren, daß sie über ihre Männerrolle, ihre Selbstansprüche, ihre Überforderungen nicht reden können. Sie sind sprachlos, wenn es um Probleme mit sich selbst und mit der Partnerin und erst recht um ihre Gewalt geht.

Darüber zu reden fällt allen Männern gleichermaßen schwer.

Verschieden sind nur die Mechanismen des Verdrängens und Vermeidens. Das zeigt sich auch bei unseren Gruppensitzungen, in denen sich sowohl unausgebildete als auch hochqualifizierte Männer begegnen. Über alle Unterschiede hinweg entdecken sie ihre Gemeinsamkeit, haben sich auf dieser Ebene viel zu sagen und können sich dadurch gegenseitig unterstützen.

Unabhängig vom Äußeren

Ein weiteres Vorurteil gegenüber Gewalttätern lautet, daß man einem gewalttätigen Mann schon den Schläger-Typ ansieht. Das »Phantom« ist zwei mal zwei Meter groß, bis an die Nasenspitze tätowiert, stammt aus sozialen Randgebieten und besitzt eine dementsprechende Ausstrahlung. Dieses Vorurteil trifft jedoch nicht zu. Denn der normal gepflegte oder auffällig geschniegelte Mann mit Aktenköfferchen, wohlsituiert, erfolgreich im Beruf, kein Kneipengänger, Mitglied im Sportverein u.v.a.m. schlägt seine Frau zu Hause genauso oft. Auch der Birkenstockträger mit den etwas längeren Haaren und dem friedfertigen Habitus gehört zu den Männern, die ihre Frau prügeln. Nur vermutet es niemand.

Es ist auch unerheblich, ob ein Mann kräftig gebaut ist oder ob er kleiner ist als seine Frau: Die körperliche Statur spielt keine Rolle, wenn ein Mann gewalttätig wird. Die Gewalt eines Mannes ist unabhängig von seiner körperlichen Verfassung oder Stärke.

Einen repräsentativen Querschnitt von gewalttätigen Männern in unserer Gesellschaft kann man leicht erleben, wenn man in der U-Bahn oder an anderen öffentlichen Plätzen die Männer abzählt: Jeder vierte Mann, ungeachtet seines Aussehens (Körpergröße, Physiognomie, Kleidung), mißhandelt seine Partnerin. Der gewalttätige Mann in der Familie ist der normale Mann.

Zwei Drittel aller körperlichen Gewalttaten von Männern richten sich gegen das eigene Geschlecht. Nach der Kriminalstatistik von 1996 ist die Opfergefährdung von Männern je nach Altersgruppe vier- bis achtmal höher als bei Frauen. Einbezogen wurden dabei schwere Körperverletzungen bis hin zu Tötungsdelikten. Eigentlich müßte dieser Umstand längst zum Alltagswissen gehören, tatsächlich wird er aber nicht zur Kenntnis genommen, schon gar nicht von Männern. Ausgeblendet wird zum einen, daß gewalttätige Menschen Männer sind, und zum anderen, daß es zum Mann-Sein und Mann-Werden dazu gehört, Opfer schlimm(st)er Gewalt zu werden.

Opferberatungsstellen werden nur von ganz wenigen Männern aufgesucht, die dann hauptsächlich juristische oder praktische Informationen wünschen. Selten geht es um eine Verarbeitung von Erlebnissen, die sie erfahren und erlitten haben.

Damit wollen wir auf keinen Fall sagen, daß Frauen weniger gefährlich leben als Männer und sich sicher fühlen können. Es soll nur deutlich machen, daß Gewalt eigentlich ein Männerthema ist, sowohl von Opfer- als auch von Täterseite, daß es aber faktisch nicht von Männern, sondern einzig von Frauen als Opfer zum Thema gemacht wird.

Eine Konsequenz davon ist, daß Frauen Bedrohungsgefühle haben »dürfen« und Männer nicht. Obwohl die Gefährdung für einen Mann, bei Dunkelheit das Haus zu verlassen, mehr als doppelt so hoch ist wie für eine Frau, »darf« er keine Angst haben oder gar zeigen. Während sich eine Frau abends möglicherweise ein Taxi ruft mit der Begründung, alleine im Dunkeln auf der Straße Angst zu haben, läßt sich ein Mann andere Gründe einfallen (schlechtes Wetter, keine Lust mehr zu laufen o.ä.). Angst jedenfalls darf ein »richtiger« Mann nicht zeigen.

Eine andere Konsequenz dieser Ausblendungen ist, daß Jungen, die Opfer sexueller Mißhandlungen geworden sind, weniger Beachtung geschenkt wird als Mädchen. Soweit überhaupt von

Mißhandlungen von Jungen gesprochen wird, interpretiert man es zur frühen sexuellen Erfahrung um oder erklärt: »Was ihn nicht tötet, macht ihn hart«. Im schlimmsten Fall wird das Opfer-Sein umgedeutet als: »Früh übt sich, wer ein Meister werden will«.

Nach US-amerikanischen Schätzungen sind bis zu 40 Prozent aller sexuell mißhandelten Kinder Jungen. Das heißt, es gibt annähernd so viele Jungen als Opfer wie Mädchen. Dennoch ignorieren selbst Kinderärzte Jungen als Opfer. Hämatome an speziellen Körperstellen eines Jungen werden nicht auf sexualisierte Gewalt zurückgeführt, sondern auf ein Gerangel oder einen Sturz. Die Verletzungen an Jungen werden positiv umgedeutet.

Hier liegt eine weitere Bestätigung der Stereotypie vor, wonach Mädchen generell zum Opfer und Jungen zum Nicht-Opfer und damit prospektiv zum Täter erklärt werden.

Männer-Gewalt gegen Männer wird außerhalb der Arbeitsstätte verübt. Kneipenbesuche eignen sich am besten dazu, Gewalt zu provozieren und gewalttätig zu werden. Gewalt nach Fußballspielen dient als identitätsstiftender Faktor für Hooligans. Aber auch Nachbarschaftskonflikte, bei denen es vordergründig um die Verteidigung der Familie beziehungsweise des häuslichen Friedens geht, werden nicht selten handgreiflich ausgefochten.

Die Wahrscheinlichkeit, selbst Täter aber auch Opfer von Männer-Gewalt zu werden, ist für Jungen in der sogenannten Adoleszenzphase am höchsten und nimmt mit steigendem Alter ab. Männer über 60 Jahre sind kaum noch in Straßenprügeleien verwickelt – in Beziehungsgewaltdelikte gleichwohl.

Männer-Gewalt gegen Frauen

Der normal gewalttätige Mann in unserer Gesellschaft wird ausschließlich gegen die Partnerin gewalttätig. Er prügelt sich sonst nicht. Er schlägt sich weder in Bierlokalen noch auf der Straße. Die Gruppe der Männer, die ihre Partnerin mißhandeln *und* außer Haus gewalttätig sind, ist klein.

Auch dieser Tatbestand widerspricht dem öffentlichen Bild eines gewalttätigen Mannes. Im allgemeinen wird angenommen, daß gewalttätige Männer wahllos zuschlagen, so daß niemand vor ihnen sicher ist. Aber das Opfer und der Ort ihrer Gewalt sind durchaus nicht beliebig.

Formen der Gewalt

Wir erfahren in der Beratungsstelle von sämtlichen Formen der Gewalt. Am häufigsten schlagen die Männer ihre Partnerinnen mit der Hand oder mit der Faust, seltener mit Gegenständen. Fußtritte oder ganzkörperliche, das heißt auch sexualisierte Gewalt sind ebenfalls üblich.

Bei allen diesen Gewalttaten können die Opfer gravierende Verletzungen wie Prellungen und Quetschungen, Blutergüsse und Knochenbrüche davontragen. Nicht selten müssen sie den Arzt konsultieren oder sogar ins Krankenhaus eingeliefert werden.

Endpunkt der Gewalt ist der Totschlag der Frau. Auch in solchen Fällen suchen uns Männer nach der Inhaftierung freiwillig auf. Ziel der Männer war nicht, die Partnerin zu töten, sie wollten sie verletzen. Der Tod wurde dabei in Kauf genommen.

Als Mord, verstanden als geplantes Handeln aus niederen Motiven, wird diese Gewalttat gegen die Frau nicht geahndet. Niedere Motive werden ausgeschlossen, weil die Tat in der Justiz als eine Affekthandlung deklariert wird.

In unserem Rechtssystem werden Körperverletzungen im Vergleich zu Eigentumsdelikten gering bestraft. Das Eigentum nimmt einen höheren Stellenwert ein als die körperliche Unversehrtheit.

Immer wieder erhalten wir Anfragen von mißhandelten Frauen, die bereits mehrfach Anzeige erstattet haben, ohne daß Konsequenzen gezogen wurden. Die Verfahren werden in den meisten Fällen niedergeschlagen, die Verfolgung von Körperverletzungsdelikten wird nachlässig gehandhabt. Nicht zuletzt werden regelmäßig entschuldigende oder strafmildernde Umstände, wie zum Beispiel Alkohol, ins Feld geführt.

Männer-Gewalt und Alkohol stehen aber in keinem direkten Zusammenhang. Gewalttätige Männer sind nicht überwiegend Alkoholiker. In der Regel mißhandeln sie ihre Frau, ohne vorher getrunken zu haben. Männer schlagen nicht öfter oder stärker, wenn sie unter Alkohol stehen. Aber auf der Suche nach einer Ursache für die Gewalt wird oftmals der Alkoholkonsum als Vorwand angeführt. Dann hat nämlich nicht der Mann zugeschlagen, sondern der Alkohol, sozusagen der Geist aus der Flasche. Hat wirklich einer unter Alkoholeinfluß zugeschlagen, stellt sich häufig genug in den Beratungsgesprächen heraus, daß die Männer trinken, um dem Alkohol hinterher die Schuld an ihrer Gewalt geben zu können. Der Alkohol hat also für den Mann und auch die Partnerin die Funktion, Verantwortung an ihn abzugeben. Alkohol ist nicht der Verursacher oder Auslöser von Gewalt, er dient vielmehr als Alibi.

Sexualisierte Gewalt

In Politik und Justiz wird zwischen Gewalt und sexueller Gewalt unterschieden. Vergewaltigung in der Ehe stand bis vor kurzem nicht unter Strafe, weil Männer sie als ein sexuelles Problem werteten. Ein männlicher Bundestagsabgeordneter begründete seine Ablehnung einer Strafandrohung bei Vergewaltigungen in der Ehe noch Anno 1994 mit dem Hinweis darauf, daß »Mann es ja nicht ausschwitzen könne« und es sich schließlich um sexuelle Lust handle.

Die deutsche Sprache trifft die Sache genauer: In dem Wort »Vergewaltigung« steckt nicht Lust, sondern Gewalt. Vergewaltigung ist kein lustvoller, sondern ein gewalttätiger Akt.

Zu Beginn unserer Arbeit in der Beratungsstelle haben Männer das Thema »Vergewaltigung in der Beziehung« kaum angesprochen. Es galt als Tabu. Durch die öffentliche Diskussion über Vergewaltigung in der Ehe trauen sich Männer immer öfter, mit uns über ihre sexuelle Gewalt zu reden.

Auch hier gilt wieder: Nicht die Vergewaltigung in der Ehe hat zugenommen, sondern das Interesse an Aufklärung, Verhinderung und Bestrafung.

Vergewaltigung hat nichts mit Lust und Erotik zu tun. Wenn es wirklich um ein erotisches Erlebnis ginge, würde die Vergewaltigung dem Täter eine sexuelle Erfüllung schenken. Selbstverständlich wirkt sich dieser Übergriff auf die Sexualität der Opfer aus. Das ist eine *Folge* der Vergewaltigung. Aber das *Motiv* des Täters ist kein sexuelles (siehe auch im Kapitel IV unter »Sexualleben«).

Die Dynamik einer Vergewaltigung, gleich, ob in oder außerhalb einer Beziehung, ist dieselbe wie bei einer anderen Gewalttat: Der Mann will die Frau oder das Kind zutiefst verletzen und demütigen. Vergewaltigung stellt eine der schwersten Erniedrigungen überhaupt dar.

Männer können durch Sexualität Gewalt ausüben, da sie in der Lage sind, ihren Penis als Waffe einzusetzen. Wenn es dem Mann um eine sexuelle Befriedigung ginge, könnte er onanieren oder es mit einer Prostituierten treiben. Bei Vergewaltigungen ist eben nicht die eigene sexuelle Erfüllung das Ziel, sondern der Zwang, die Verletzung und die Demütigung der anderen Person.

Sexualität ohne Beziehung, geschweige denn Liebe, setzt ihre Funktionalisierung voraus. Viele Männer können zwischen ihrer Person und ihrem Penis trennen, ihren Körper benutzen und Sexualität als Mittel gebrauchen. Nur so ist sexuelle Gewalt möglich.

Noch heute wird es teilweise als Pflicht der Ehefrau angesehen, dem Mann zu Willen zu sein, der Mann darf sich »nehmen, was ihm zusteht«. Weigert sich die Frau, kann er sie zwingen. Diese Vorstellung über die eheliche Pflicht der Frau war lange genug bei uns im Gesetz verankert. Aber die Verweigerung der Frau ist nicht der Ausgangspunkt sexueller Gewalt. Eine Vergewaltigung bezweckt einzig und allein die Erniedrigung der Frau.

In so manchen Männerköpfen herrscht heute noch die Meinung vor, sexuelle Gewalt stelle eine aggressive Form von Sexualität dar. Sie gehöre zum Sexualleben des Mannes, da er unbeherrschbaren Trieben ausgeliefert sei. Der Mann funktioniere wie ein Dampfkessel oder Wasserfaß, in dem »es« sich aufstaut. Sobald der Dampfkessel unter Strom gerät oder das Faß droht überzulaufen, muß »es« raus. Wenn nötig, auch mit Gewalt. In Vergewaltigungsprozessen ist diese Argumentation immer wieder zu hören. Täter werden dadurch entschuldigt.

Dabei fungiert Sexualität für den Mann bei einer Vergewaltigung bloß als Vehikel, um gewalttätig zu werden, der Penis ist eine Tatwaffe, mit der der Mann Frau und Kinder mißhandeln kann. Vergewaltigungen richten die größten Schäden an Leib und Seele an, mit ihnen verletzt der Mann sein Opfer am stärksten.

Interviews mit inhaftierten Vergewaltigern und unsere Arbeit mit Beziehungsgewalttätern bestätigen, daß sexuelle Motive für sie keine Rolle spielten. Dem entspricht, daß Opfer von Vergewaltigungen die Miß- oder Verachtung der eigenen Person, also die eigentliche Absicht der sexuellen Gewalttat, als das Schlimmste empfinden. Für Opfer wie auch für Täter steht die Verletzung der Würde an erster Stelle.

In Fachkreisen wird längst nicht mehr darüber diskutiert, ob Vergewaltigung eine Form der Gewalt ist. Hier wird ganz eindeutig von Gewalt, und zwar von sexualisierter statt sexueller Gewalt gesprochen. Vergewaltigungen und andere sexuelle Mißhandlungen stellen ohne Einschränkung ein Gewaltdelikt dar.

Grundsätzlich werden durch sexualisierte Gewalt nicht-sexuelle Motive kompensiert, unabhängig davon, ob eine Frau oder ein Kind oder ein anderer Mann von der Mißhandlung betroffen ist. Der Täter will ein Gefühl von Hilflosigkeit und Ohnmacht loswerden, indem er sein Opfer verletzt und demütigt und dadurch demonstriert, ein »richtiger Kerl« zu sein – solche Gefühle nicht zu haben. Diese Dynamik ist allen Gewalttaten gemein.

Kategorien und Typologien sind unsinnig

Wir unterscheiden in der Beratungsarbeit die Gewalttaten weder nach ihrer Art noch nach ihrer Häufigkeit. Es ist vollkommen irrelevant, ob ein Mann selten, erst einmal, regelmäßig oder schon lange gewalttätig ist, ob er mit Geschirr schmeißt oder zutritt. Wichtig ist uns nur, ob die Frau oder die Kinder akut gefährdet sind, so daß wir zu ihrem Schutz intervenieren müssen. Aber Klassifizierungen und Kategorisierungen vermeiden wir prinzipiell. Uns interessiert nicht, wie und wie oft ein Mann gewalttätig wurde, da wir gerade keine Bewertungen in »weniger schlimm«, »schlimm«, »am schlimmsten« vornehmen wollen. Solche moralisierenden Beurteilungen und Einteilungen der Täter würden erstens zur Hierarchisierung unter den Männern verleiten, was Konsequenzen für die spätere Zusammensetzung der Gruppen hätte, und zweitens würden sie die Männer davon abhalten zu erzählen, was sie wirklich getan haben. Die Erfahrung zeigt, daß jeder Mann am Anfang der Beratung seine Gewalttätigkeit zu verharmlosen sucht. Wir fragen nicht nach Details. Dem großen inneren Druck, über die eigene Gewalt reden zu wollen, um sie dadurch auch verarbeiten zu können, steht eine ebenso große Angst vor Verurteilung gegenüber. Wenn aber der Ratsuchende nicht befürchten muß, kategorisiert und verurteilt zu werden, gibt er seine Verteidigungshaltung nach und nach auf und legt seine Gewalttaten offen dar, statt weiter darüber zu schweigen oder sie zu beschönigen. Verurteilung von außen unterbindet die innere Auseinandersetzung. Unsere Vorgehensweise dagegen öffnet, und dem Ratsuchenden wird bewußt, daß es eine Frage der eigenen Wertung ist, wie er die Realität beschreibt respektive sprachlich verkleidet. Ein Schlag ins Gesicht läßt sich beispielsweise als »mal die Hand ausgerutscht« oder »sie braucht ab und zu eine gewischt« oder »voll eins in die Fresse« wiedergeben. Oft genug täuscht der sprachliche Ausdruck über die wirkliche Gewalt hinweg.

Solange wir von beraterischer und fachmännischer Seite eine moralische Bewertung vermeiden, hat der Mann die Chance, alles von sich zu berichten, was ihm wichtig ist und wie er es selbst sieht. Vieles würden wir nie erfahren (haben), wenn wir von vornherein klassifizierten. Dabei ist zu vernachlässigen, daß *wir* es erfahren, entscheidend ist, daß der Mann merkt, was er tut, daß der Mann selbst zu der Erkenntnis gelangt, daß »es« nicht über ihn kommt, sondern daß er die Gewalt funktional einsetzt. Erst dann hat der Mann die Möglichkeit, sein Verhalten zu verändern.

Das Bundesfrauenministerium drängt zunehmend darauf, Zwangsberatungsprojekte einzurichten. Zwangsprojekte verfolgen jedoch – im Gegensatz zu unserer Freiwilligenberatung – keinen anderen Zweck, als zwischen »bösen« und »weniger bösen« Gewalttätern zu unterscheiden. Der »böse« Gewalttäter wird zur Teilnahme am Zwangsprojekt verurteilt, der »gute« Gewalttäter wird reingewaschen. Polizeilich verfolgt und verurteilt werden allgemein nur die Männer, die schon immer als gewalttätig galten, nämlich Angehörige der Unterschicht. Die Bevölkerung fühlt sich damit endlich bestätigt. Denn ein Manager, »der schon mal ein Blackout haben darf«, dem »die Hand ausrutschte«, »was in den besten Familien vorkommt«, findet sich in solchen Projekten oder gar in Strafvollzugsanstalten nicht wieder. Auf diese Weise haben die Entscheidungsträger, nämlich Männer in führenden Positionen, die Gewalt von sich weg an Randgruppen delegiert und gleichzeitig die Mittelschichtsangehörigen entlastet.

Die Unterscheidung von Tätern in »gut« und »böse« aufgrund

der Häufigkeit oder Art der Gewalthandlung bietet keine Hilfe für die Praxis – im Gegenteil. Männern ist an solchen moralischen Wertungen sehr gelegen, vorausgesetzt, daß sie möglichst gut dabei abschneiden. Würden wir mit derartigen Unterscheidungen arbeiten, versuchten alle Männer ein bestmögliches Bild von sich abzugeben. Sie würden sich verschließen, statt zu öffnen, was ein Gespräch darüber, was wirklich passiert ist, unmöglich macht. Und die Männer würden untereinander wieder zu rivalisieren anfangen und sich gegenseitig beweisen, wie »toll« sie sind. Es käme also erneut zu der typisch männlichen Vereinzelung und Vereinsamung. Aber eine Aussprache und gegenseitige Unterstützung fände nicht (mehr) statt.

Neben der moralischen Komponente liegen den Klassifizierungen noch andere Aspekte zugrunde, die unserer Arbeit mit Männern entgegenwirken. Psychogramme von Gewalttätern und Täterpopulationen dienen zum Teil einer »Monstermythenbildung«, mit der männliche Forscher an psychiatrischen oder inhaftierten Tätern verdeutlichen wollen, was ein gewalttätiges »Monster« von einem »normalen« Mann unterscheidet. Die Forscher verstehen sich selbst als neutral und Lichtjahre entfernt vom »Monstermann«. Hervorgehoben werden alle nur denkbaren Unterschiede zwischen dem neutralen Forscher, der den »normalen« Mann verkörpert, und dem »bösen Monster«; außen vor gelassen wird die Gemeinsamkeit »Mann«. Kategorisierungen sollen vom normalen gewalttätigen Mann ablenken.

Typologien haben manchmal aber auch den Zweck einer – vermeintlichen – Gewaltprävention, indem von vornherein bestimmt wird, wer potentiell gefährdet ist, gewalttätig zu werden. Jungen, die in ihrer Kindheit Gewalt erfahren haben, erhalten in der Therapie häufig nicht primär Hilfe, sondern ein Konzept zur Vorbeugung eigener Gewalttätigkeit. Hier werden mißhandelte Jungen erst zu potentiellen Tätern erklärt und schließlich zu aktuellen Gewalttätern gemacht.

Opfertypologien ordnen analog dazu ein, wer oder besser gesagt: welche Frau potentiell gefährdet ist, Gewalt zu erleiden.

Damit wird das Opfer für sein Opfer-Sein verantwortlich gemacht. De facto ist aber niemand dafür prädestiniert, Opfer einer Gewalthandlung zu werden.

Typologien, Klassifizierungen und Kategorisierungen pervertieren die Verhältnisse durch Pathologisierung und Stigmatisierung und helfen nicht weiter. Unser Erfolg gründet zu einem Großteil auf der konsequenten Vermeidung von Klassifizierungen und Kontrollen. Die Männer erfahren von uns, daß nur eins wichtig ist: eine Lösung dafür zu finden, daß sie nicht mehr gewalttätig werden. Das ist die Grundlage unserer freiwilligen Beratung. Gleichzeitig wird uns der Vorwurf gemacht, daß wir es auf der Basis der freiwilligen Beratung nicht mit »repräsentativen« Männern zu tun hätten. Dieser Vorwurf basiert wieder auf einer Kategorisierung, nämlich in Täter, die schon ein Unrechtsbewußtsein haben und solche, denen es erst beigebracht werden muß. Das heißt, in die »schlimmen« und »weniger schlimmen« Täter. Es wird nicht bedacht, daß Männer, weil sie Männer sind, prinzipiell keine Beratung aufsuchen mögen. Auch zum Arzt müssen Männer häufig erst getragen werden. Worum es also geht, ist die Schaffung eines für Männer attraktiven Angebots (darauf kommen wir in Kapitel V ausführlich zu sprechen).

III
Gewaltkreislauf

Die Gewalt eskaliert

Was ein Mann und eine Frau unmittelbar nach der Gewalttat erleben, kann in Form einer mehrstufigen Spirale dargestellt werden. Die Phasen folgen dabei nicht kausal aufeinander, sondern zeitlich. Der Gewaltkreislauf begründet deshalb auch nicht, warum es zur Gewalt kommt. Die einzelnen Phasen enthalten kein »wenn-dann« im Sinne der Kausalität.

Das Modell einer Spirale eignet sich darum besonders gut zur Veranschaulichung von Gewaltabläufen, weil es neben einer Wiederholung auch eine Steigerung impliziert. Gewalt nimmt nämlich mit der Zeit zu, die Phasen werden immer schneller durchlaufen, es kommt immer häufiger zu Gewalt. Die Spirale dreht sich mit zunehmender Geschwindigkeit – solange der Mann nichts ändert.

Dieses Modell ist kein abstraktes oder rein theoretisches Konstrukt eines unbeteiligten Forschers, sondern wurde in unserer Arbeit mit gewalttätigen Männern entwickelt, angewandt und bestätigt.

Phase 0: Im Moment der Gewalttat tritt für den Mann eine Erleichterung, eine Entlastung ein, indem unangenehme Gefühle wie Ohnmacht und Hilflosigkeit »schlagartig« abgewehrt werden durch Delegation an die Frau. Das Bewußtsein setzt nach den ersten Schlägen zumeist aus. Der Mann erlebt einen völligen Kontrollverlust, ein Blackout. Deshalb kann er sich oftmals an nichts erinnern.

Phase 1: Kurz nach der Gewalttat wacht der Mann gleichsam auf und nimmt zum ersten Mal die geschlagene, vielleicht am Boden liegende und blutende Frau wahr. Da sich außer ihnen niemand im Raum aufhält, muß er der Täter gewesen sein. Viele

Männer sind entsetzt über das, wozu sie fähig waren, entsetzt über das, was sie angerichtet haben.

Phase 2: Nach dem Erwachen kommt es zu einer Phase von Schuldgefühlen, Reue und Entschuldigungen. Der Mann verspricht, daß »es nie wieder vorkommt« oder er bringt am nächsten Tag zum Beispiel Blumen mit. Damit ist er seiner Auffassung nach schon auf dem Weg der Besserung. Manchmal drängt der Mann die Frau unmittelbar nach der Gewalttat, mit ihm zu schlafen, weil er das Bedürfnis hat, ihr besonders nahe zu sein. Er hofft, dadurch die Tat ungeschehen machen zu können, hofft, daß »alles wieder gut« ist. Für die Frau aber bedeutet der Geschlechtsverkehr in dieser Situation eine Vergewaltigung, die sie aus Angst über sich ergehen läßt.

Viele Frauen beschreiben ihren Mann als besonders zuvorkommend und liebevoll, nachdem er wieder »zu sich gekommen ist«. Aber der Wechsel zwischen Gewalttätigkeit und »lieb und nett sein« stiftet bei der Frau völlige Verwirrung und Unsicherheit, da die Situation in jedem Moment wieder umkippen kann. Kurz zuvor hat der Mann noch auf sie eingeprügelt, da half kein Bitten und kein Schreien, und nun ist er wieder freundlich. Diese plötzliche Kehrtwendung macht verrückt – im wörtlichen Sinne.

Die Frau lehnt also jede Form von Nähe, auch Hilfeleistungen, ab und tut selbst so, als sei »alles gar nicht so schlimm«. Das heißt, sie bagatellisiert das Geschehen (»ist schon gut«), damit Abstand gewahrt wird. Nur selten erträgt es eine Frau, nach der Mißhandlung angefaßt zu werden.

Manchmal kommt es sogar vor, daß die Rollen gewissermaßen vertauscht werden, wenn die Frau ihren Mann, der möglicherweise zu weinen anfängt, tröstet. Dieser Trost wird vom Mann als außerordentlich erniedrigend empfunden (siehe Fallbeispiel). Die Gewalttat kann jedoch genausogut durch banales Alltagsverhalten (Bier aus dem Keller holen und fernsehen, aufräumen, Spuren der Gewalttat entfernen, Küchenarbeit, bügeln etc.) übergangen werden – auch langfristig.

Phase 3: Bis jetzt ist dem Mann klar, daß *er* die Gewalt ausgeübt hat. Aber die Gewalt war irgendwie über ihn gekommen, er hat es eigentlich nicht tun wollen, denkt er. Es ist ihm unerklärlich, wie er die geliebte Frau schlagen konnte. Also fängt er an, danach zu suchen, wie »es« dazu gekommen ist – allerdings nicht bei sich selbst, sondern bei der Partnerin: Was hat die Frau getan, um ihn zu reizen? Sie weiß genau, daß er dieses oder jenes nicht verträgt, sie hätte sich zusammenreißen müssen.

In dieser Phase will der Mann die Verantwortung abschieben, indem er die Schuld bei der Frau sieht. Verantwortung und Schuld werden vermischt, über die Schuldzuweisung wird die Verantwortung für das eigene Handeln abgegeben. Man könnte es Schuldabwehr nennen (siehe Kapitel I unter »Schuld und Verantwortung«). Sie findet übrigens bei allen Gewalttaten statt, nicht nur bei häuslicher Gewalt. Das Besondere bei der Beziehungsgewalt liegt darin, daß die Frau sehr oft bereit ist, in dieser Situation die Schuld auf sich zu nehmen und damit die Verantwortung für die Gewalttat des Mannes zu tragen. In der Gewaltsituation hatte sie keinerlei Möglichkeit, aktiv einzugreifen, sie war dem Mann ohnmächtig ausgeliefert und hat nur erlitten. Das ist ein schreckliches Gefühl. Die Vorstellung, Einfluß nehmen zu können oder wenigstens beteiligt gewesen zu sein, stellt sich dann für sie ein, wenn sie glaubt, zumindest den Grund für den Gewaltausbruch ihres Mannes geliefert oder mitverursacht zu haben. Frauen übernehmen also manchmal Verantwortung für eine Tat, die sie nicht begangen haben. Das tun sie auch, um dieser in Zukunft eventuell vorbeugen zu können. Die fatale Konsequenz davon ist, daß sich der Mann nicht mehr verantwortlich fühlt und die Frau sich aus der Gewaltbeziehung nicht lösen kann.

Phase 4: Der Suche nach den Ursachen und der Schuldabwehr schließt sich eine Schweigephase an. Es wird so getan, als sei nichts gewesen. Die Partner bemühen sich, die Gewalttat zu vergessen und die unangenehmen Gefühle in diesem Zusammenhang zu verdrängen. Beide hoffen, daß sich auf diesem Weg Gewalt zukünftig vermeiden läßt. In seltenen Fällen überlegen die

Partner nach der Gewalttat gemeinsam, wie sie das Geschehene wiedergutmachen können. Sie führen jedoch kein Gespräch über die Tat, bestenfalls werden Rechtfertigungen und Entschuldigungen vorgebracht. Die Frau spricht das Thema nicht an, weil sie befürchtet, den Anlaß für die Gewalt wieder anzurühren und damit neue Gewalt zu provozieren. Der Mann äußert sich nicht dazu, weil für ihn »das Thema (erstmal) abgeschlossen ist« und er tatsächlich nichts zu sagen weiß. Außerdem hat er in der vorhergehenden Phase das Versprechen gegeben, daß »es« nie wieder vorkommen soll, daß es in Zukunft keine Gewalt mehr geben werde.

Wenn die Phase des Schweigens erreicht ist, können wir sicher sein, daß der Mann wieder gewalttätig wird. Es wird wieder einen Anlaß geben, es wird wieder etwas schieflaufen, und so schließt sich der Kreis. Obwohl das Schweigen nicht die eigentliche Ursache der Gewalt ist, liegt an diesem Punkt eine Art Kettenreaktion vor. Daß alle Reue nichts nützt, solange Schuld und Verantwortung vertauscht und an die Partnerin abgegeben werden, gründet in der Dynamik der Gewalt selbst und stellt kein *individuelles* Versagen des Mannes dar.

Der Gewaltkreislauf dauert unterschiedlich lange. Das hängt von diversen Faktoren ab. Die Phasen des Erschreckens, der Reue und Entschuldigung können nur wenige Stunden oder Tage anhalten, die Schweigephase erstreckt sich über den längsten Zeitraum.

Erfahrungsgemäß verkürzt sich die Zeit zwischen dem Schweigen und der Gewalt jedoch zunehmend. Die Phasen werden – über viele Jahre betrachtet – immer schneller durchlaufen, und die Brutalität der Gewalt nimmt zu. Die Hoffnung in der Phase des Schweigens, daß »es« nie wieder geschehen wird, erweist sich für beide Partner als Trug. »Es« wird, im Gegenteil, immer schlimmer. Inzwischen gehören brutalste Mißhandlungen zum Beziehungsalltag. Die Phase der Reue und Entschuldigung wird auch von den Männern erlebt, die im nachhinein behaupten, daß ihre Frau »das brauche«, um zur Raison zu kommen. Damit geben sie ihren unkontrolliertesten Ausbrüchen eine Begründung und leugnen die demütigende – und unmännliche – Erfahrung, nicht mehr zu wissen, was sie tun, Versprechen nicht zu halten, nicht mehr »Herr ihrer selbst« zu sein. Bei langjährigen Gewalttätern ist in Einzelfällen allerdings festzustellen, daß sie nach der Tat kaum noch Schuldgefühle kennen, daß sie in der Überzeugung leben, richtig zu handeln. In der Regel werden die Phasen aber von allen Männern erlebt und genau so beschrieben, auch wenn sich die Gewalthandlungen bereits über Jahre wiederholen.

Für die Männer ist die Gewalttat mit der Schweigephase abgeschlossen. Normalerweise beschäftigen sie sich nicht mehr mit dem, was passiert ist. Dagegen wirkt in den Frauen vieles nach. Insbesondere die Angst davor, daß der Mann wieder zuschlägt, sitzt tief. Diesen Zustand bemerken die Männer oft nicht. Die Partner unterhalten sich nicht darüber. Statt dessen versuchen beide, die vergangene Gewalt zu bewältigen und zu »verarbeiten« sowie zukünftige Gewalt zu verhindern, indem sie einen großen Bogen um das Thema machen. Das Totschweigen dient außerdem dazu, Aggressionen zu vermeiden, indem man gar nicht erst einen Konflikt zuläßt, bei dem ein Partner aggressiv werden könnte. Innerlich schwelt der Konflikt weiter, aber aus Panik vor Aggressionen trägt man ihn nicht aus, sondern »frißt alles in sich hinein«, »schluckt alles runter«. Dadurch dreht sich die Gewaltspirale noch schneller, denn je stärker der Mann seine Aggressionen zu unterdrücken versucht, desto gewalttätiger wird er.

Die Gewalt wiederholt sich

Beziehungsgewalt ist Wiederholungsgewalt. Jeder Täter wird zum Wiederholungstäter – es sei denn, er tut etwas dagegen. Ein Mann, der seine Partnerin einmal geschlagen hat, wird aller

Wahrscheinlichkeit nach wieder zuschlagen. Es ist nur eine Frage der Zeit. Deshalb schätzen wir den Wiederholungstäter nicht als den schlimmeren Täter ein. Sonst wäre ein Mann, der am Anfang seiner »Gewaltkarriere« steht, ein weniger schlimmer, moralisch besserer Gewalttäter. Wie oft ein Mann zugeschlagen hat, hängt allein von der Momentaufnahme ab, zu welchem Zeitpunkt er uns aufgesucht hat. Die Wiederholung von Gewalt weist uns vielmehr auf die Intensität, Abhängigkeit und Enge der Beziehung zwischen dem Opfer und dem Täter hin. Wobei die Bedingung dafür, daß ein Mann gewalttätig wird, nicht in der Art der Partnerschaft liegt, sondern darin, daß er ein Mann ist. Männer-Gewalt ist weder ein partnerschaftliches noch ein individuelles Problem des Mannes. Sonst müßten Frauen ebenso gewalttätig sein wie Männer. Gewalt ist ein Männerproblem.

Unsere Arbeit setzt ein, wenn der Mann aufhört zu schweigen und bevor er die Verantwortung für sein Handeln übernimmt. Wichtig ist, daß das Schweigen außerhalb des familiären Kontextes gebrochen wird. Ein Ziel der weiteren Arbeit besteht darin, daß der Mann die Verantwortung für seine Tat auf sich nimmt und nicht länger versucht, sie auf die Partnerin abzuwälzen. Erst dadurch gewinnt er wieder Handlungsfähigkeit, das heißt, die Möglichkeit, auf sein Handeln Einfluß zu nehmen. Entscheidend für sein Handeln ist nicht, was die Partnerin macht oder unterläßt. Auch wenn sie ihn reizt, ist das kein Grund, sie zu schlagen. Er wird zum Beispiel lernen, daß es nicht feige ist, eine Konfliktsituation zu verlassen, sondern daß es verantwortungsvoll ist, um weiterer Gewalt vorzubeugen (siehe in Kapitel V unter »Time-out-Technik« und »positive Vision«).

IV
Hintergründe, Anlässe und Bedingungen von Männer-Gewalt

Warum-Fragen verändern nichts

Warum wird ein Junge oder Mann gewalttätig? Danach werden wir immer wieder gefragt. Warum-Fragen haben den großen Nachteil, daß ihre Beantwortung nicht zu Veränderungen führt. Sie setzen ein Kausalitätsprinzip voraus, ein »wenn-dann«, das insbesondere für zwischenmenschliche Verhaltensweisen und damit für den psychosozialen Bereich keine Gültigkeit besitzt und keinen Nutzen bringt. Man hält das Symptom für nahezu gelöst, sobald man die – vermeintliche – Ursache kennt. Wenn man weiß, warum eine Beule ins Auto kam, ändert das nichts an der Beule, das macht sie weder rückgängig noch werden dadurch in Zukunft Beulen verhindert. Genauso verhält es sich mit der Gewalt von Männern: Kein Mann hört mit dem Schlagen auf, sobald er weiß, warum er schlägt. Es gibt viele Männer, die wissen, warum sie schlagen und trotzdem weiterschlagen (wir erinnern an den Gründer der Initiative »Männer gegen Männer-Gewalt«, der eine Therapie gemacht hat, der wußte, warum er schlägt, der nicht mehr schlagen wollte und dennoch nicht aufhören konnte). Das Wissen um die Gründe allein ändert faktisch nichts. Darum halten wir Warum-Fragen, speziell in der Arbeit mit gewalttätigen Männern, für unsinnig und kontraproduktiv.

Individuelle Ursachen

Zur Erklärung von Gewalt werden üblicherweise die Kindheit, das soziale Umfeld und die Traumata des Täters herangezogen.

Dieses Erklärungsmuster wird nicht nur von Sozialarbeitern und Psychologen angewandt, es gehört inzwischen zum allgemeingesellschaftlichen Psychoverständnis, es ist Alltagstheorie geworden. Man glaubt, daß mit der Beantwortung einer Warum-Frage durch Kindheitserlebnisse, Vaterfigur und andere mögliche Ursachen das Heilsversprechen nahezu erfüllt und der betreffende Mensch wenigstens zur Hälfte bereits genesen ist. Viele Männer, die zu uns kommen, sind ebenfalls davon überzeugt, daß ihre Gewalt mit ihrer Kindheit zu tun haben muß. Natürlich gibt es Männer, die eine schlimme Kindheit durchgemacht haben und heute schlagen. Das bedeutet aber nicht, daß Männer, die in einer »heilen« Welt aufgewachsen sind, später weniger gewalttätig werden oder daß Männer, die als Jungen geschlagen wurden, später zwangsläufig selber schlagen. Es besteht kein kausaler, nicht einmal ein statistischer Zusammenhang zwischen erlittener und selbst verübter Gewalt, obwohl das viele Forscher behaupten. Zweifellos bleiben die Eltern nicht ohne Einfluß auf die Persönlichkeit eines Jungen, aber sie für sein späteres Verhalten als Mann zur Verantwortung zu ziehen, heißt nur wieder, die Verantwortung abschieben zu wollen. Wer von der Kindheit auf das heutige Verhalten des Mannes schließt – was auch von anerkannten Forschern häufig unternommen wird –, geht davon aus, daß Gewalt ein individuelles Problem ist. Eine derartige individualisierte Objektivität ist nicht haltbar. Damit wird über den geschlechtstypischen Umgang mit Kindheitserlebnissen hinweggetäuscht. Wenn Frauen und Männer schlechte Erfahrungen machen, gehen sie ganz unterschiedlich damit um. Größten Einfluß auf das spätere Verhalten nimmt die geschlechtstypische Sozialisation. Das aber findet in der gängigen Arbeit mit Gewalttätern keine Berücksichtigung.

Es wird mit gewalttätigen Jugendlichen oder Menschen gearbeitet, statt mit Jungen und Männern (zur Arbeit mit Männern und Jungen siehe unter Kapitel V). Außerdem bedeutet die individuelle Herangehensweise an den Klienten gemeinhin die Analyse seiner Mängel. Gemessen an den vorgegebenen menschlichen Normen verhält sich der Klient nicht korrekt, und er verhält sich deshalb nicht korrekt, weil er bestimmte Erlebnisse nicht richtig verarbeitet hat. Eine solche Individualisierung behindert die Arbeit mit gewalttätigen Männern, bei der es darum geht, die von Männern selbst betriebene Individualisierung aufzuheben und Gemeinsamkeiten zu betonen.

Anlässe

Neben den Ursachen, die als Ausgangspunkt oder Bedingung der Gewalttätigkeit von Männern zur Debatte stehen, wird nach den Anlässen geforscht, die zur aktuellen Gewalttat führen können. Gemeint ist der Zeitpunkt, zu dem die konkrete Gewalttat ausgelöst wird. Ursachen bezeichnen gewöhnlich den ersten Punkt einer Kausalkette, an dem irgend etwas schiefgelaufen ist. Im punktual-kausalen Verständnis begann also mit der Ursache jener Prozeß, der damit endete, daß der Mann heute gewalttätig ist. Die Ursachen bereiten nach dieser Logik gewissermaßen den Boden für die zukünftige Gewalttätigkeit. Sie schaffen die Bereitschaft zur Gewalt. Die Anlässe sind demgegenüber für den aktuellen Ausbruch der Gewalt verantwortlich.

Paare sind oft sehr bemüht herauszufinden, warum es zum Ausbruch einer Gewalttat kam. Sie graben neben den in der Vergangenheit schlummernden Ursachen auch nach den gegenwärtigen Anlässen. Sobald sie in der nahen Vergangenheit fündig werden, versuchen sie, die Anlässe und somit die Gewalt zu vermeiden. Doch ohne Erfolg. Denn insgeheim geht es auch bei der Suche nach Anlässen um die Schuldfrage. Für ein sozial geächtetes Verhalten wie Gewalttätigkeit, das man selbst auch nicht akzeptiert und verantworten will, wird in jedem Fall ein Schuldiger ausgemacht, an den man die Verantwortung delegiert. Das kann der Großvater, ein Elternteil, die Schwester, die Schule oder sonst etwas sein, wenn die Ursachen in der Kindheit gesucht werden. Das kann Überarbeitung, Unordnung zu Hause, ein »falsches« Wort der Partnerin sein, wenn nach Anlässen in der Gegenwart geforscht wird. Für die Vermeidung von Gewalt ist es jedoch gleichgültig, was die Partner als Ursache oder Anlaß ermitteln.

Erklärungsversuche der Sozialforschung

Die sozial- und psychobiologistische Forschung konzentriert sich darauf, was dem Täter vererbt wurde. »Ursache« für Gewalt sind nach dieser Lehre die Gene, Gewalt ist erblich bedingt.

Daneben gibt es in der Sozialforschung die These, daß Gewalttäter ehemalige Opfer sind. Eigene Gewalttätigkeit wird als »Verarbeitung« erlittener Gewalt begriffen.

So wurde beispielsweise bei der Befragung inhaftierter Täter festgestellt, daß zwischen 50 und annähernd 100 Prozent aller »Kindesschänder« selbst in ihrer Kindheit sexuell mißhandelt worden sind. Daraus wird abgeleitet, daß der sexuelle Mißbrauch Ursache dafür war, daß der Mann gewalttätig wurde. Ungeachtet der Tatsache, daß diese Befragung (nur inhaftierte Täter werden untersucht) nicht repräsentativ ist, wird gefolgert, daß jeder Junge, der heute mißhandelt wird, in großer Gefahr schwebt, einmal selbst zum Täter zu werden – eben mit einer Wahrscheinlichkeit von ungefähr zwei Dritteln.

In der therapeutischen Praxis führt diese Ansicht dazu, daß sexuell mißhandelte Mädchen und Frauen als Opfer, männliche Opfer aber als potentielle Täter betrachtet und behandelt werden. Nicht einmal logisch oder statistisch ist diese Schlußfolgerung zulässig, da man aus einer deduktiven Untersuchung kein prospektives Ergebnis schöpfen kann. Und inhaltlich ist das Untersuchungsergebnis ebenso falsch, da es weitaus mehr Opfer als Täter gibt. Aber nach dem Muster des »labeling approach«, das heißt der Annäherung an das, was jemandem permanent unterstellt wird, und der sich selbst erfüllenden Prophezeiung garantiert dieser Therapieansatz die Produktion neuer Täter und die Konsolidierung absolut traditioneller Männlichkeit. Infolgedessen sind Männer keine Opfer, weil sie es nicht sein dürfen. Besonders Jungen entwickeln Gefühle von Selbsthaß und Selbstzerstörung, weil sie unter dem, was ihnen widerfahren ist, leiden, ohne darunter als »richtiger« Mann leiden zu dürfen.

Bei der Ursachenforschung stellt sich das grundlegende Problem, ob man tatsächlich die Ursachen erfährt oder nur das, was der Forscher hören will. Prinzipiell sind wir nicht dagegen, über mögliche Ursachen bestimmter Verhaltensmuster nachzudenken. Fragwürdig sind die ihnen beigemessene Objektivität und der Zweck, zu dem das Wissen gewonnen wird. Es wird nicht gefragt, ob das »Wenn-dann«-Prinzip und die Individualisierung in bezug auf Gewalthandlungen sinnvoll ist.

Zuweilen wird in der Ursachenforschung ein Mensch als »black-box« verstanden, bei der unten etwas hineinkommt, drinnen etwas passiert, was keiner wissen kann, und oben das Ergebnis herauskommt. Solche abstrakten Modelle setzen den Klienten mit einer Maschine gleich. Sie beruhen auf dem männlichen Kausalitätsprinzip. Sie orientieren sich nicht am wirklichen Erleben der Person, das sich im Inneren abspielt und verschlossen bleibt. Das Augenmerk ist auf das Vorher und Nachher gerichtet, statt auf das Momentane, also auf die aktuellen Phänomene. Die Individualisierung des Problems hat im Grunde nur einen Vorteil: Der Klient wird kategorisiert. Objektive Raster (zum Beispiel »anal fixiert« oder »orale Kompensation«) werden mit der individuellen Lebensgeschichte eines Menschen abgeglichen und entsprechend zugeordnet. Mit diesen »wunderschönen« Begriffen für die Ursache seiner Gewalt bekommt der Mann das beruhigende Gefühl zu wissen, warum er schlägt. Diese Zuordnung nimmt der Mann gerne an, weil sie ihm eine vermeintliche Sicherheit liefert. Das führt aber zu keiner Verhaltensänderung.

Männer erhalten bei solchen Therapieansätzen die Antworten, die sie hören wollen – und sie ändern nichts. Unsere Arbeit findet dagegen auf einer Metaebene statt, bei der es gerade nicht darum geht, die Frage nach den Ursachen von Gewalt zu beantworten, sondern herauszufinden, welche Antworten der Klient eigentlich sucht. Was will der Mann erreichen, wenn er uns sagt, daß er zuschlug, als seine Frau ihn gereizt hat? Welche Bedeutung hat die Erklärung für ihn? Viele Fragen und Antworten der Männer zielen nicht darauf ab, ihr Verhalten zu ändern, sondern es zu begründen und zu rechtfertigen. Damit ist niemandem geholfen.

Gesellschaftliche Bedingungen

Die Forschung richtet ihr Augenmerk nicht nur auf individuelle Ursachen für Gewalthandlungen. Als Bedingungen für den angeblichen Zuwachs an innerfamiliärer Gewalt, aber in einem Zug auch für den zunehmenden Rechtsextremismus, werden Werteverlust, grassierende Arbeitslosigkeit, soziale Unsicherheit und Verarmung angegeben. Ohne diese Hypothesen zu überprüfen und zu belegen, richtet sich politisches Handeln genau darauf, obwohl seit Jahren Wilhelm Heitmeier und andere darauf aufmerksam machen, daß diese Ursachenannahmen an der Realität vorbeigehen. Anhänger der rechtsradikalen Szene und gewalttätige Männer stammen sowohl aus armen Milieus als auch aus wohlsituierten, sicheren Verhältnissen, so daß keineswegs gefolgert werden kann, daß Rechtstendenzen oder auch häusliche Gewalt allein durch bessere Lebensbedingungen verhindert werden könnten. Aber Heitmeiers Erkenntnisse finden kein Gehör.

Politik benötigt »handfeste« Ursachen, um handlungsfähig zu sein. Ihr ist vor allem daran gelegen, Probleme möglichst schnell »in den Griff« zu bekommen, und die Ursachenforschung liefert der Politik praktikable Handlungsstrategien. So arbeiten Programme gegen Gewalt und Rechtsradikalismus in den neuen Bundesländern nach demselben Denkschema: Durch Eingliederung in die Arbeitswelt wird versucht, Rechtsradikalismus und Gewalt einzudämmen beziehungsweise auszuschalten. Das ist eine traditionelle Art von Männern, mit beängstigenden und verunsichernden Phänomenen umzugehen und auf diese Weise eine scheinbare Sicherheit zu schaffen. Auf keinen Fall werden sie die Grundlagen ihres Denkens in Frage stellen, wenn sie sich einmal darauf festgelegt haben, denn sonst bricht alle Gewißheit in sich zusammen.

Männer, die zu uns in die Beratung kommen, weil sie gegen ihre Frau gewalttätig wurden, tun nichts anderes. Auch sie verklären den Tatbestand, indem sie erstens die Ursache ihrer Gewalt der Frau zuschreiben und zweitens als Erklärungsmuster ihre Kindheitserfahrungen, sozialen Umstände oder traumatischen Erlebnisse vorbringen. Damit stellen sie sich insgeheim als Opfer dar, das keinen Einfluß auf das Gewaltgeschehen hat, ohne es direkt auszusprechen – das wäre höchst unmännlich. Zu sagen: »Ich kann mich gegen meine Frau nicht wehren, sie ist mir überlegen, sie hat die soziale Kompetenz, und ich bin das Opfer«, bringt der Mann nicht fertig. Aber zu sagen: »Sie hat mich gereizt, ich konnte nicht anders«, macht den Mann zum Opfer, ohne sich als solches zu bezeichnen. Es befreit ihn außerdem von seinen Schuldgefühlen. Die Ursachenbenennung verrät dem Mann nicht, was im Augenblick der Gewalttat in ihm vor sich ging oder wie er sich dieser Situation in Zukunft entziehen kann. Aber genau darauf richten wir unseren Blick: Wie geht es dem Mann vor und nach der Gewalttat, warum verläßt er nicht die Gewaltsituation, an welchen Vorbildern orientiert er sich etc.?

Leit- und Vorbilder

Die Frage nach dem Zusammenhang zwischen den Leit- oder Vorbildern von Männern und ihrer Gewalt ist ein Teil unserer Beratung. Dabei stellen wir keinen ursächlichen Zusammenhang in dem Sinne her, daß von einem bestimmten Vorbild auf erhöhte Gewaltbereitschaft geschlossen wird, sondern achten auf die Funktion von Leit- und Vorbildern. Wozu dienen sie dem Mann? Ob es sich um ideal(istisch)e oder real(istisch)e Leitbilder handelt, ist gleichgültig.

Jedes Vorbild hat, wie jeder »normale« Mensch, neben seinen Stärken auch Schwächen. Es hat Vor- und Nachteile. Das Leitbild zeichnet sich demgegenüber darin aus, daß alle negativen Seiten ausgeblendet werden.

Old Shatterhand beispielsweise dient vorzugsweise vielen älteren Männern als ein solches Leitbild (vergl. Dangers 1993). Uns interessiert, welche Eigenschaften des von Karl May erfundenen Old Shatterhand dem Mann wichtig sind, was der Mann aus dieser Figur gezogen hat. Auf diese Weise können wir erkennen, welche Unterstützung der Mann, auch schon als Junge, braucht(e), welche Eigenschaften ihm Orientierung geben und wo der Mann Hilfe benötigt. Old Shatterhand wird zum Leitbild genommen, weil er absolute Durchsetzungsfähigkeit demonstriert. Andererseits wird er gerade durch diese Absolutheit für jeden Mann unerreichbar – das ist der Preis, den der Mann für sein Leitbild zahlt. Wie geht der Mann mit dieser Ambivalenz um? Das Leitbild kann ihm helfen, wenn er sich geleitet fühlt, eine Richtung erhält. Es schadet ihm, wenn er sich als Versager empfindet, falls er dem Leitbild nicht entspricht. Ein zweites Problem bei Old Shatterhand besteht darin, daß seine Durchsetzungsfähigkeit mitunter auf Gewaltanwendung beruht (dem kräftigen Zuschlagen verdankt er seinen Namen), die durchweg als »berechtigte Gegengewalt« vorgeführt wird. Es fällt einem Mann außerordentlich schwer, im wirklichen Leben zwischen sogenannter berechtigter Gegengewalt und unberechtigter Gewalt zu unterscheiden. Während diese Grenze im Roman klar und eindeutig zu sein scheint, scheitert der Mann persönlich an der Differenzierung. Außerdem wird er im realen Leben mit den Folgen seiner Gewalttätigkeit konfrontiert, während sie bei Old Shatterhand ausgeklammert werden. Insoweit bietet das Leitbild keine

Hilfe oder Handlungsanweisung, es stiftet eher Verwirrung und ein Gefühl von eigener Unzulänglichkeit.

Bei Leitbildern liegt eine dauerhafte, und nicht bloß momentane Idealisierung vor. Man kann sich in schwierigen Situationen des Lebens jedoch nicht an diesem Ideal orientieren, weil es nicht wie ein wirklicher Mensch oder auch ein Vorbild Stärken und Schwächen kennt, das Für und Wider einer Situation abwägt und zu Kompromissen fähig ist. Das Leitbild schließt Negatives aus, es läßt nur *eine* Seite, *eine* Lösung zu. Dadurch wird es für den Mann per se unerreichbar. Er fühlt sich als Versager, weil er sich zwar an seinem Leitbild gemessen, ihm aber nicht genügt hat. Männer scheitern also nicht an »falschen« Idealen, sondern an deren Unerreichbarkeit. Keine Idealvorstellung von Männlichkeit ist jemals für irgendeinen Mann realisierbar. Das wird von Männern meist verdrängt in der Erwartung an sich selbst, doch diese Perfektion erreichen zu können. Anstatt zu bedenken, daß es schon viel wert ist, sich dem Ideal anzunähern. Wenn der Mann erkennen würde, daß seine Wahrnehmung von Old Shatterhand nicht objektiv, sondern subjektiv und selektiv ist, daß er nur die für ihn bedeutenden Eigenschaften der Figur entzieht, brauchte er die Ansprüche auch nur teilweise zu erfüllen, dem Ideal bloß punktuell zu genügen. Sobald er sich darüber klar wird, kann er auch sein Verhalten lebensnah verändern. Es geht also nicht darum, die Leitbilder abzuschaffen.

Generell scheint es einfacher zu sein, sich an personifizierten Eigenschaften zu orientieren als an idealen Eigenschaften als solchen. Das heißt, wenn der Mann Mut mit einer fiktiven oder wirklichen Person assoziiert, fällt es ihm leichter, Mut als Ideal anzustreben.

Exkurs

Jungen erleben das Scheitern an Leitbildern anders als erwachsene Männer. Männer haben den Prozeß des Scheiterns meist schon erfahren. Vielleicht haben sie es nicht als ein Scheitern am Ideal empfunden, aber doch als ein individuelles Versagen.

Jungen haben überwiegend fiktive Ideale und keine gelebten Vorbilder. Für sie steht unter anderem Rambo hoch im Kurs, dessen Existenz beweisen soll, daß das Unmögliche möglich ist. Der Schauspieler Silvester Stallone fungiert für sich genommen nicht als Ideal, sondern nur als Rambo oder Rocky. Damit sich zwischen Stallone und Rambo keine Kluft auftut, sorgt sein PR-Manager dafür, daß nur das aus dem Privatleben an die Öffentlichkeit dringt, was sich mit der Filmrolle deckt. Infolgedessen erhöht sich die Überzeugungskraft, daß es eben nicht nur Film ist, sondern daß das Unmögliche wirklich gelebt werden kann. Eine Übereinstimmung von Fiktion und Wirklichkeit wird in unterschiedlichem Maße bei jedem Schauspieler, besonders bei Hollywood-Schauspielern, bemüht.

Vor einigen Jahren war der Schauspieler David Hasselhoff als Night-Rider oder He-man, eine Kunststoff- beziehungsweise Zeichentrickfigur (»Masters of Universe«), ein Ideal für Jungen.

Nicht weniger attraktiv war Batman. Als kürzlich ein fünfjähriger Junge in Australien seinen Vater erschossen hatte und direkt nach der Tat dazu befragt wurde, antwortete er: »Batman hat Papi totgeschossen«. Dabei trug der Kleine einen Umhang wie Batman. Im Augenblick der Tat war der Junge nicht mehr er selbst, sondern Batman. Nicht er, sondern Batman hat geschossen.

Derzeit sprechen viele Jungen (schon ab fünf Jahren) von Wrestling. Der WWF (World Wrestling Fond) produziert Shows und Videos, in denen zum Schein brutalste Gewalt inszeniert wird. Es wird so getan, als ob sich die Männer prügeln und catchen – im Gegensatz zum Boxen, wo jemand tatsächlich k.o. geschlagen wird. Die Akteure tragen Masken und sind verkleidet, die Kämpfe spielen sich in großen Arenen ab.

Lebende oder historische Leitfiguren aus Politik, Wirtschaft oder Kultur sind für Jungen »mega-out«.

Auch der Vater taucht kaum als Leitbild auf. Er wird höchstens in Auseinandersetzungen als untergeordneter Ausführender von Phantasiefiguren gebraucht. Wenn der Junge als Notbremse in einer kritischen Situation droht: »Gleich hole ich meinen Papa«, dann ist im Grunde Rambo gemeint. Der Vater dient zwar der Orientierung, aber nicht eigentlich der Vater, vielmehr die Vorstellung, die der Junge von ihm hat. Genaugenommen liegt hier derselbe Unterschied vor wie zwischen Rocky und Silvester Stallone, nur daß kein Manager, sondern der Vater selbst versucht, die Realität leitbildkonform zu machen, indem er bestimmte Seiten von sich bewußt und vorsätzlich unterschlägt. Wenn der Vater zum Beispiel müde ist, begründet er dem Jungen gegenüber seine Erschöpfung mit harter Arbeit und erbrachten Leistungen, niemals mit Überforderung und Verschleiß. Männer kennen keine Überforderung, es gibt für sie nur Anforderungen oder Versagen. Der Junge verinnerlicht: Papa kann alles, ein Mann kann alles. Irgendwann werde ich auch alles können müssen.

Die Unerreichbarkeit von Vor- und Leitbildern zeigt sich in besonderer Weise an Gottvater und seinem Sohn. Gott wird in den Kirchen nicht »abgebildet«, höchstens symbolisiert. Jesus stellt eine Art Mittelfigur dar: halb Mensch, halb Gott; Mensch im Erleiden, Gott im Überwinden. Psychologisch betrachtet ist Gott genauso unerreichbar wie der Vater zu Hause, er ist allgegenwärtig, streng und allmächtig, manchmal strafend, manchmal gnädig, aber nie greifbar, vertraut und »neben mir« (dagegen erscheint die Mutter Maria ganz in Fleisch und Blut, »zum Anschauen und Anfassen«, nah und weiblich).

In der prinzipiellen Unausführbarkeit der Omnipotenz liegt die Verselbständigung männlicher Leitbilder.

Männerbilder und -sozialisation

Damit leiten wir über zu einem für unsere Arbeit, weil für Männer-Gewalt zentralen Faktor: zum Männerbild in unserer Gesellschaft. Welches Männerbild haben die Männer, die in unsere Beratung kommen? Eine Aussage über das Männerbild in unserer Gesellschaft zu machen, scheitert bereits auf den ersten Blick, weil jede Generation ein anderes Männerbild kennt. Ein 60jähriger Mann hat nicht dasselbe Männerbild wie ein 5- oder 15jähriger Junge heute. Aber es existiert ein gemeinsames abstraktes Männerbild, sozusagen die Schnittmenge der verschiedenen Vorstellungen: Ein Mann muß immer hundertprozentig sein, und zwar zu allen Tages- und Nachtzeiten in allen Bereichen und Eigenschaften. Schon ein Prozent weniger wird als erhebliches individuelles Versagen des Mannes aufgefaßt. 95 Prozent bedeuten »aus«, nur 100 Prozent bedeuten »an«. Für einen Mann oder Jungen gibt es nur die Alternative zwischen »Held« und »Hasenfuß«. Etwas nicht ganz geschafft zu haben, bewertet ein Mann für sich als Niederlage. Deshalb ist es auch so schwierig, Männern eine negative Rückmeldung zu geben oder an ihnen Kritik zu üben, ohne daß sie sich rundweg abgelehnt fühlen und augenblicklich die Verteidigungsposition einnehmen. Sie kämpfen in solchen Situationen darum, nicht völlig unterzugehen, zu überleben. Um dieser extremen Verunsicherung zu entkommen, versuchen sie, dem Gegenüber selbst aus dem Weg zu gehen. Denn je näher man jemanden an sich heranläßt, desto größer ist das Risiko, »ertappt« zu werden.

Eine andere Möglichkeit, Unsicherheit zu kompensieren, besteht in der Inszenierung maßloser Überlegenheit, in der Demonstration von Größe und Erfolg, sei es durch Sprüche, ein schnelles Auto oder Gewalt.

Der einzige Lebensabschnitt, in dem Schwächen kaum verborgen werden können, ist die Schule und Lehrzeit. Hier gilt: »Lehrjahre sind keine Herrenjahre«. Einem Schüler oder Lehrling werden Fehler zugebilligt. Schließlich soll er erst etwas lernen, was er noch nicht oder nicht gut genug kann. Da er aber tagtäglich damit konfrontiert wird, was andere (Meister, Mitschüler, Lehrer) besser können, fühlt sich der Junge persönlich gekränkt und als Versager, weil es seinem Männerbild widerspricht. Deshalb sind Lernprozesse für Jungen besonders schwierig. In der Schule werden angeblich alle gleich behandelt. Oft wird sogar behauptet, daß die Jungen bevorzugt würden – aber genaugenommen wird nicht den Jungen mehr Aufmerksamkeit der Lehrer zuteil, sondern ihren Auffälligkeiten.

Schüler neigen dazu, das, was sie noch nicht können oder begriffen haben, abzuwerten und vorzugeben, es bereits zu verstehen. Oder sie behaupten, es nicht lernen zu wollen, weil es nicht lohne. Dabei entwickeln sich Jungen leicht zum Klassenkasper. Je weniger ein Junge dem Stoff folgen kann, um so mehr kaspert er herum. Durch seinen Lernboykott vertuscht er den verpaßten Anschluß, den er dadurch immer weniger einholen wird. Deshalb ist er gezwungen, die Rolle durchzuhalten – ganz gleich, was es ihn kostet. Den Kreis zu durchbrechen hieße, das Gesicht vor sich selbst und den anderen zu verlieren.

Trotzdem bietet die Schul- und Ausbildungszeit Jungen und heranwachsenden Männern noch die Chance, Kontakte untereinander zu knüpfen und Freundschaften zu schließen. Für einen erwachsenen Mann ist dies kaum noch möglich. Nähe zeichnet sich dadurch aus, daß der andere mich in meiner realen Existenz wahrnimmt, weniger meine Fassade. Damit sieht er auch Unvollkommenheiten, sogenannte »Schwächen«. Das darf nicht geschehen. Mit Ausnahme der Nähe zur Partnerin wird Nähe von Männern unter allen Umständen gemieden. Zu groß erscheint die Gefahr, daß dann die vermeintliche Kleinheit offenbar wird und man(n) schließlich als »einziger Versager« übrigbleibt. Die Konsequenz ist, daß Männer bestenfalls mit Jugendfreunden ein Leben lang in Verbindung bleiben. Sie haben Kumpel, Arbeitskollegen, Skatrunden. Aber keine Freunde. Sie vereinsamen mit der Zeit und bleiben in sozialer Isolation zurück. Denn wenn sie noch die »alten« Freunde verlieren, weil man sich auseinandergelebt hat, wegzieht oder einer stirbt, haben Männer in der Regel gar keine Freunde mehr.

Die Kontaktlosigkeit unter Männern ist ein Ergebnis unserer Männersozialisation. Männlichkeit stellt sich nämlich über Abgrenzung her. Beziehungen unter Männern sind gekennzeichnet durch Rivalität und Hierarchie, durch ein Gegeneinander statt

Miteinander. Männer werten sich gegenseitig ab. Deshalb ist Mann-Sein, verstanden als etwas allen Männern Gemeinsames, unter Männern kein Thema. Ein Mann fühlt sich seinem Geschlecht nicht zugehörig, es gibt für ihn kein »wir Männer«. Jeder Mann zeichnet sich dadurch aus, daß er ein absolut unvergleichbares Individuum präsentiert – anders als alle anderen. Das erklärt die Sehnsucht nach Unterscheidung nicht nur im Alltag von Männern, sondern auch in der Wissenschaft. Wissenschaftler sind Männer, die ihre Forschung – auch über Männer – auf diesem Hintergrund betreiben.

Wegen der besagten Sehnsucht nach Andersartigkeit haben wir bei unserer Arbeit große Schwierigkeiten, aus einer Anzahl von Männern eine Gruppe zu bilden. Eine Gruppe bestimmt sich durch ein Gemeinschaftsgefühl, ein Verständnis von »wir«. In einer gemischten Gruppe oder unter Frauen gelingt das wesentlich leichter. Darum werden im Berufsleben Frauen manchmal zur »Verbesserung des sozialen Klimas« eingesetzt. Männer können sich erst dann als Gruppe zusammenfinden, wenn sich der einzelne stark genug fühlt. Sich mit anderen zu solidarisieren, erfordert Standfestigkeit, um trotz der Verbundenheit als Individuum bestehen zu bleiben.

Männer grenzen sich nicht nur gegeneinander ab, sondern auch von Frauen. Meist haben Männer zwar eine hohe Meinung von Frauen, betrachten sie aber als ihr Gegenteil. Der Mann muß das exakte Gegenstück zu einer Frau bilden. Das kennzeichnet heute noch die traditionelle, historisch gewachsene Sozialisation von Jungen. Mädchen werden zu sozialen Wesen mit sozialer Kompetenz und Funktionalität erzogen. Sie bekommen ein Gefühl für die gegenseitige Abhängigkeit der Menschen vermittelt. Jungen werden, genau gegenteilig, zu nicht-sozialen (Einzel-) Wesen, zu nicht-sozialem (rivalisierendem) Verhalten erzogen, ihnen wird Autonomie als Handlungsmaxime nahegelegt.

Ein wie oben beschriebener 100-Prozent-Mann zu werden, bedeutet für jeden Jungen in seiner Entwicklung vordringlich ein hundertprozentiger Verzicht auf alles sogenannte Weibliche.

In den ersten acht Lebensjahren wachsen Jungen in einer Welt ohne Männer auf. Üblicherweise sorgt eine Mutter für das Kind, hilft eine Babysitterin oder Großmutter aus, arbeiten im Kindergarten Kindergärtnerinnen und unterrichten in der Grundschule Lehrerinnen. Meist treten erst mit dem Wechsel in eine weiterführende Schule männliche Lehrer in Erscheinung. Nahezu alle Jungen haben bis zu diesem Zeitpunkt kaum eine Beziehung zu Männern. Selbst wenn der Vater sich um die Kinder »kümmert«, ist er doch fast immer abwesend. Nach wie vor ist der Vater für die materielle Existenzsicherung der Familie zuständig, an der Erziehung der kleinen und heranwachsenden Kinder ist er so gut wie nicht beteiligt (ein Prozent der Väter nimmt Erziehungsurlaub, wie die Zahlen des Statistischen Bundesamts aus dem Jahre 1996 zeigen). Dem Jungen fehlt der Kontakt zum Vater. Fast alles, was für einen Jungen im Leben zählt, was ihn nährt, beschäftigt, umsorgt und schützt, kommt von Frauen. Für Jungen stellen sich die Beziehungen in der Familie folgendermaßen dar:
- Frauen und Kinder gehören zusammen
- Männer und Kinder gehören nicht zusammen
- Kinder sind für Männer uninteressant
- Jungen dürfen deshalb nicht wie Kinder sein, wenn sie den Kontakt zu Männern suchen.

Der kleine Junge merkt schon sehr früh, daß er ein anderes Geschlecht besitzt als seine Mutter, die Kindergärtnerin oder die Lehrerin. Er »weiß« auch, daß er sich von ihnen unterscheiden muß, aber er weiß nicht wie. Von Männern erhält er keine Identifikationsangebote. Dem Jungen fehlen die realen Vorbilder zur Orientierung. Er weiß nur, wovon er sich wegentwickeln muß. Sich dem Verhalten des real existierenden und erlebten Vorbilds der Mutter anzunähern ist gefährlich, denn ein Junge, der sich wie eine Frau verhält, entspricht nicht der Norm des »richtigen« Jungen. Er gilt als weibisch oder schwul. Selbst wenn er den Trost und die Stärkung bei der Mutter genießt und erlebt, wie wertvoll ihre Eigenschaften sind, darf er sie nicht übernehmen, weil es die eigene Geschlechtsidentität bedroht. Statt dessen strebt er das

Gegenteil von dem an, was er an und von Frauen erfährt. Er begibt sich in Opposition zu weiblichem Verhalten, auch wenn er es positiv bewertet, um nicht »weibisch« oder »schwul« genannt zu werden, um eben ein »richtiger« Junge zu sein.

Männlichkeit und Abgrenzung

Männlichkeit wird also in der Kindheit als Negativfolie zum konkret erlebten Frauenbild entwickelt. Jungen wissen nicht, was Männlichkeit im Positiven bestimmt, sondern nur, wie sie nicht zu sein hat. Deshalb definieren Jungen »männlich« als das Gegenstück zu »weiblich«. Eine trügerische Logik. Auch für Männer gilt später, immer die Negation des Weiblichen, hundertprozentig keine Frau zu sein, keine »weiblichen« Eigenschaften zu offenbaren. Männlichkeit läßt sich darum am besten in Negativbeschreibungen fassen: Männer zeigen *kein* Gefühl, Männer haben *keine* Pobleme usw. Jungen bleibt deshalb nur die Möglichkeit, sich vollständig abzugrenzen. Einem genauen Vorbild kann man sich mehr oder weniger stark annähern, es vielleicht teilweise erreichen. Aber das Gegenteil eines Vorbilds existiert nur sehr verschwommen, weshalb keine Annäherung, sondern die vollständige Negation dieser Eigenschaften nötig ist.

Männer definieren sich also permanent durch Abgrenzung, zuerst von Frauen und dann auch untereinander.

Das ansozialisierte Männerbild widerspricht den Wünschen und Sehnsüchten, die jeder Mann hat, aber nur wenige offen zugeben: Kontakte untereinander, etwas anzunehmen, sich helfen zu lassen, sich auszusprechen u.v.a.m. Auch die sogenannten bewegten Männer reproduzieren im Grunde nichts anderes als traditionelles Männerverhalten, indem sie sich als die »Besseren« ausgeben, die sich vom Gros der »Zurückgebliebenen« unterscheiden und von ihnen distanzieren. Allein die Proklamation »ganz anders zu sein«, zeugt von typischer Männlichkeit. Der

»Neue Mann« suggeriert, daß der »Alte« nicht verändert werden könne, sondern gleichsam abgeschafft werden müsse, um dem »Neuen« Platz zu machen – ganz im Gegensatz zum Emanzipationsbegriff von Frauen, dem eine Entwicklung aus Bestehendem innewohnt.

Einen anderen Versuch, die Sichtweise und die Eigenschaften von Frauen zu imitieren, unternehmen die sogenannten Softies. Sie wollen es den Frauen nach- und recht machen, um von ihnen anerkannt zu werden. Auch dadurch reinszenieren Männer genau das, was seit jeher Männlichkeit charakterisiert. In diesem Zusammenhang kam es zu Strömungen, die sich profeministisch nennen, was im Endeffekt besagt, daß Frauen das bedrängte Geschlecht sind und Männer die Übeltäter.

Ein Mann ist also entweder der Bösewicht oder der Softy beziehungsweise Männerbewegte. Im Gegenzug behauptete zum Beispiel ein Joachim Bürger, daß Männer besser seien als Frauen. Auch diese buchgewordene Kapriole basiert darauf, den Mann nur in Relation zur Frau zu betrachten. Dabei wird der Blick auf den Mann jedoch vernachlässigt. Wie Männer sich selbst, aus ihrer eigenen Perspektive sehen, bleibt unter diesem Blickwinkel unberücksichtigt. Über das Verhältnis zwischen den Geschlechtern kursieren zuhauf Theorien, die ganze Bücherregale füllen. Aber Bücher darüber, wie Männer mit sich und untereinander umgehen, gibt es kaum.

Wir werden oft danach gefragt, welches Männerbild wir bei »Männer gegen Männer-Gewalt« haben, ob auch unserer Arbeit die Vorstellung von einem »Neuen Mann« zugrunde liege. Aus unseren vorherigen Ausführungen wird evident, daß wir gerade keinen Wert darauf legen, Männlichkeit neu zu definieren, da ein solcher Versuch unsere Bemühungen konterkarieren würde. Jedes Männerbild, auch wenn es noch so fortschrittlich gedacht ist, schafft eine neue Meßlatte und teilt Männer ein in solche, die sich dem Bild schon angenähert haben, und solche, die noch weit davon entfernt sind. Wir wollen aber nicht messen und nicht werten. Die Frage heißt nicht: Wie sehen wir uns im Verhältnis zu

Frauen?, sondern: Wie verstehen wir uns, wie sieht sich ein Mann selbst? Wir suchen nach einer Identifikation des Mannes mit sich selbst.

Veränderung findet über einen Prozeß der Annäherung und Einsicht statt, deshalb initiieren wir Kontakte unter Männern und versuchen, das Mann-Sein, wie es hier und heute gelebt wird, durchschaubar zu machen. Dadurch ermöglichen wir eine Orientierung unter- respektive miteinander, statt an einem Außen. Das hat zur Folge, daß wir Männer Gemeinschaft erstmals ohne Über- und Unterordnung erleben. Dieser Ansatz stellt zunächst das Weltbild der Männer auf den Kopf, führt jedoch langfristig zur Bildung eines eigenen, veränderten Selbstverständnisses.

Männliche Ideale

Welcher Zusammenhang besteht nun zwischen persönlichen Idealen, gesellschaftlichen Männlichkeitsnormen und häuslicher Gewalt? Insbesondere gewalttätige Männer besitzen ein ausgesprochen traditionelles Verständnis der Rolle von Mann und Frau. Die Erfahrung zeigt aber, daß sich nicht-gewalttätige Männer davon nur graduell unterscheiden. Allen gemeinsam ist die Vorstellung, daß ein richtiger Mann groß und stark, wehrhaft und durchsetzungsfähig ist, daß er keiner Unterstützung bedarf, daß er Kumpel hat und für den Unterhalt der Familie aufkommt, die für ihn den Ort der größten Nähe bedeutet, daß er mit niemandem über emotionale Belange spricht, außer mit seiner Partnerin. Dieses Rollenverständnis besteht losgelöst von den tatsächlichen Verhältnissen. Auch wenn der Mann arbeitslos ist und die Frau für den Unterhalt der Familie sorgt, ist die Rollenerwartung die alte, die Zuständigkeiten sind klar aufgeteilt. Je starrer ein Mann an diesem konservativ ausgeprägten Rollenverständnis und am 100-Prozent-Ideal festhält, desto bedrohlicher erlebt er die kleinste Abweichung, desto größer ist die Gefahr, daß er seine Angst und Unsicherheit mit Gewalt abzuwehren versucht – weil die Funktion von Gewalt primär in der Abwehr von Hilflosigkeit und Ohnmacht besteht.

Gewalt ist ein Angstproblem. Ein Mann, der die Sicherheit seiner Identität nicht so sehr aus dem traditionellen Männerbild ableitet, sondern Flexibilität im Rollenverhalten aufweist, kann frei von Angst Verhaltensweisen zeigen, die dem herkömmlichen Ideal widersprechen. Wenn er sich schwach und unterlegen fühlt, braucht er nicht mit Gewalt zu reagieren, da er Schwäche als Teil seiner selbst akzeptiert.

Mit dem traditionellen Männerbild korrespondiert, wie gesagt, das traditionelle Frauenbild, das sich – unabhängig von politischen Strömungen – in der Tat überall findet. Nur daß die konservativen und reaktionären Parteien das Bild von der »Frau am Herd« offensiv vertreten. Wie unattraktiv diese Parolen für Frauen und wie attraktiv sie nach wie vor für Männer sind, belegen Wähleruntersuchungen.

Männer wurden von der Frauenbewegung letztlich wenig beeinflußt. Wenn Frauen ein bestimmtes Männerbild propagieren, reagieren Männer verstärkt mit Ablehnung, Distanz und Abgrenzung.

Männer verändern sich unserer Meinung nach nur, wenn sie erkennen, daß es ihnen in ihrer Rolle nicht gutgeht. Die Forderungen von Frauen können im günstigsten Fall einen Anstoß liefern. Praktisch tragen sie jedoch in der Hauptsache zur Verfestigung alter Männerbilder bei, denn der sicherste Weg für Männer, der Verunsicherung durch die Frauenbewegung zu begegnen, ist das intensive Beharren auf der alten Ordnung.

In Zeiten von Orientierungslosigkeit ist der Wunsch nach klaren Rollen und deren Befolgung besonders groß. Rechte Politik hält durch ihre Schwarzweißmalerei, ihr richtig/falsch-, ja/nein-Denken die gewünschte Antwort parat. Allerdings lassen diese Kategorien die geringste Abweichung von der Norm sogleich als falsch erscheinen.

Männer werden nicht zuletzt deshalb gewalttätig, weil sie um jeden Preis an tradierten und normierten Vorgaben festhalten.

Eine minimale Regelwidrigkeit oder Unordnung empfinden sie bereits als Bedrohung und reagieren darauf mit Gewalt. Da das Schlagen einer Frau ebenfalls eine Normverletzung darstellt, weil »man(n) das eigentlich nicht tut«, kommt es zu Widersprüchen und Konflikten im Selbstverständnis des Mannes. An diesem Punkt können wir in der Beratung ansetzen. Meistens sind wir die ersten, die von der Gewalt des Mannes und seinem Gefühl, ein Versager zu sein, da er die Norm nicht erfüllt, erfahren. Denn es gehört zum Mann-Sein, sich niemandem anzuvertrauen. Eine typisch männliche Bewältigungsstrategie besteht darin, möglichst nicht an die Gewalttat und ihre Folgen zu denken, die Innenwahrnehmung kurz- und langfristig auszuschalten. Das aber strengt nicht nur an, das kann lebensgefährlich sein.

Männer nehmen die Symptome eines sich entwickelnden Magengeschwürs nicht wahr, sie haben eines; Männer erkennen nicht die Vorboten eines Herzinfarkts, sie haben einen (nur ein »Weichei« geht wegen jedes »Wehwehchens« zum Arzt).

Nicht ohne Grund ist die Lebenserwartung von Männern heute noch um sieben bis acht Jahre niedriger als die von Frauen. Männer machen sich unempfindlich, unterdrücken ihre Sensibilität, weil sie befürchten, mit ihr nicht überlebensfähig zu sein. Daß sie mit der Abblockung mindestens genauso gefährlich leben, erkennen Männer oft erst spät. Manchmal zu spät. Wir werten diese Umgangsform mit sich selbst jedoch nicht als defizitär. Seine Gefühle abzuspalten und nicht mehr wahrzunehmen ist kein Defizit, sondern im konkreten Lebenszusammenhang des Mannes eine Überlebensmethode. Unsere These lautet vielmehr: Alles hat seinen Preis. Auch Sensibilität und Innenwahrnehmung fordern ihren Tribut. Entscheidend ist nur, ob es lohnt, den jeweiligen Preis zu zahlen, ob es sich für den Mann beispielsweise lohnt, seine Frau oder seine Kinder zu verlieren, weil sie ihm nur noch mit Angst begegnen (zur »Kosten-Nutzen-Rechnung« siehe in Kapitel V).

Selbstverständlich benötigen auch wir für unsere Arbeit bestimmte Vorstellungen, Ideale und Ziele, aber wir achten sehr sorgfältig darauf, keine neuen Hierarchien einzuführen. Das wäre nur neuer Wein in alten Schläuchen. Wir wollen die Männer nicht gleichmachen, wir lassen ihnen die Freiheit für eigene Bewertungen und Entscheidungen. Männer, die zu uns kommen, um sich beraten zu lassen, dürfen sich nicht unterlegen fühlen oder eine Verurteilung befürchten, denn dann würden sie sich verschließen. Die Voraussetzung für unsere Arbeit mit gewalttätigen Männern ist eine Ebene von Gleichheit, die darauf beruht, daß der Berater und der Ratsuchende Männer sind, nicht schlechtere und bessere Männer, sondern Männer.

Wir bieten eine Orientierung, indem wir die Männer sich selbst-bewußt zu machen versuchen. Damit erhöht sich für sie die Chance, etwas von sich aus zu verändern, denn je genauer sich jemand kennt, desto größer wird die Möglichkeit, sich zu ändern. Ob ein Selbstbild realitätsangemessen und flexibel oder überhöht und rigide ist, hängt nämlich von dem ab, der es errichtet.

Das Selbstbewußtsein des Mannes muß sich vor allem über sein Mann-Sein herstellen. Zwar gibt es Eigenschaften, die sowohl Frauen als auch Männern eigen sind, und Werte (beispielsweise die Integrität), die für Frauen gleichermaßen gelten wie für Männer. Der »Mensch« aber ist ein Konstrukt, Menschen leben nur als Männer und Frauen. Jede Eigenschaft und jeder Wert nimmt für Männer und Frauen unterschiedliche Bedeutungen an. Selbst Humanität wird von Männern und Frauen anders verstanden. Das zentrale Moment für die Herausbildung von Identität ist letztlich das Geschlecht. Diese Annahme wurde lange Zeit von der Frauenbewegung abgelehnt unter Hinweis auf das sogenannte Androgynitätsprinzip. Es besagt, daß es ein großes Repertoire an Verhaltensweisen gäbe, von denen die einen spezifisch männlich, die anderen spezifisch weiblich seien, die von Männern und Frauen je nach Bedarf aktiviert werden könnten. Tatsächlich ist ein solches androgynes Menschenbild irreal und nicht einmal erstrebenswert.

Wir definieren Männer als Männer – und nicht als Menschen –, weil Männer-Gewalt nur verändert werden kann, wenn der Mann als Mann angesprochen wird. Die Erfahrung zeigt, daß die Betrachtungsweise von Gewalt als menschliches Problem keinen Erfolg hat. Mehr Menschlichkeit kann dann erreicht werden, wenn man aufhört zu »menscheln« und statt dessen den Mann als Mann und die Frau als Frau ernst nimmt. Wir machen aus gewalttätigen Männern keine friedvollen Menschen, sondern gewaltfreie, bewußte Männer.

Patriarchat

In dem, was bisher gesagt wurde, klingt für manchen Leser und manche Leserin der Begriff des Patriarchats durch. »Patriarchat« steht für das Geschlechterverhältnis, stammt aus der Frauenbewegung und besitzt für Frauen eine quasi hegemoniale Gültigkeit. Kein Mann kann einer Frau widersprechen, wenn sie sagt, daß sie in einem Patriarchat lebt. Allein schon deshalb nicht, weil wir als Männer nicht beurteilen können, wie es ist, als Frau in dieser Gesellschaft zu leben. Allerdings suggeriert der Begriff »Patriarchat«, daß in dieser Gesellschaft alle Männer qua Mann-Sein gegenüber Frauen in der mächtigeren Position sind. Wir können diese Annahme nicht bestätigen.

Männer wissen mit dem Begriff »Patriarchat« meist nichts anzufangen, und sie lehnen ihn ab, weil er nicht ihrer Alltagserfahrung entspricht. Wir können in unserer Arbeit mit gewalttätigen Männern nicht mit Beschreibungen von Frauen, die sich im Unterschied zu uns Männern seit Jahrzehnten mit diesem Thema auseinandersetzen, operieren. Das funktioniert nicht, weil sich die Männer dadurch provoziert fühlen und verschließen. Damit ist keinem (Mann) geholfen. Wir Männer müssen eigene Begrifflichkeiten entwickeln, die mit unserem Erleben übereinstimmen, in denen wir uns wiederfinden und die für uns handlungsrelevant sind.

Männer und Frauen verbreiten immer wieder neue Definitionen und Theorien über das Patriarchat und das Geschlechterverhältnis, in denen die Relation von Macht und Ohnmacht, Über- und Unterordnung immer neu bestimmt wird. Wir nehmen an dieser Debatte nicht teil, da wir Wertungen und die Betrachtung von Mann-Frau-Beziehungen vermeiden. Der Begriff »Patriarchat« ist für unsere Arbeit unbrauchbar, weil er weder die Sichtweise des einzelnen Mannes noch das Verhältnis von Männern untereinander einbezieht.

Männer, die zu uns in die Beratung kommen, fühlen sich von ihrer Frau abhängig, ihr gegenüber ausgeliefert oder unterlegen. Wir können den Männern glauben – oder antworten, daß das per definitionem nicht sein kann. Wir erreichen die Männer nur dann, wenn wir von ihrer subjektiven Gefühlswelt ausgehen. Es ist ungewohnt und schwierig, aber wichtig, daß der Mann bei sich bleibt und wir bei ihm.

In der Diskussion um den Begriff des Patriarchats taucht regelmäßig der Einwand auf, daß die Rollenverteilung von Frau und Mann sozialbiologisch oder -historisch bedingt sei. Insbesondere Männer wollen bestimmte Verhaltensweisen, auch Gewalt, mit biologischen Argumenten rechtfertigen. Diese Argumente sind für uns völlig unhaltbar. Soziale Verhaltensweisen sind weder genetisch noch sozialbiologisch und -historisch determiniert, vielmehr wurden sie durch die Sozialisation erlernt. Und lernen heißt auch umlernen, neu lernen können. Männer lernen bei uns, sich anders zu verhalten, soll heißen, keine Gewalt mehr auszuüben.

Der Rückgriff auf genetische und sozialbiologische oder -historische Bedingungen bedeutet in letzter Konsequenz, keine Entscheidungsfähigkeit über das eigene Verhalten zu haben. Alles, was der Mann tut, ist in ihm angelegt. Folgt man dieser Argumentation, könnte sogar die Gewalttätigkeit eines Mannes gegenüber einer Frau als Beweis dafür herhalten, daß der gewalttätige Mann ein »richtiger« Mann ist, da er zum Vorschein bringt, was biologisch und genetisch in ihm steckt. Es handelt sich also nur wieder darum, Verantwortung nicht zu übernehmen.

Äußere Faktoren

Äußere Faktoren wie Alkoholismus, Bildungsgrad und Kindheit sind möglicherweise beteiligt an der Entstehung von Gewaltbereitschaft (möglicherweise auch nicht, das ist eben nicht bewiesen), in jedem Fall aber gänzlich irrelevant für die Verhinderung von aktueller Gewalt. Interessant ist einzig der geschlechtstypische Umgang mit allem, was ein Mann oder eine Frau erlebt und auch erlitten hat.

Daß die Arbeitslosigkeit beispielsweise dazu führt, daß es Menschen in dieser Gesellschaft schlecht geht, ist eindeutig belegt. Warum aber Männer dazu neigen, mit Gewalt auf diesen Mißstand zu antworten und Frauen nicht, ist nur mit Blick auf die Geschlechtstypik erklärbar. So sind in den neuen Bundesländern beim Zusammenbruch der Wirtschaft zwar mehr Frauen als Männer von Arbeitslosigkeit betroffen, aber nur die Männer reagieren darauf mit erhöhter Gewalttätigkeit. Arbeitslosigkeit kann bei Männern das Gefühl von Ohnmacht und Rollenversagen verstärken, dem sie sich durch Gewalt zu widersetzen versuchen. Gewaltverursachend wirkt also nicht die Arbeitslosigkeit, sondern der männertypische Umgang mit ihr. Männer, vor allem gewalttätige Männer, haben den Anspruch, für den Gelderwerb und nicht für den Haushalt zuständig zu sein. Dieser Anspruch besteht unabhängig von ihrer aktuellen Situation, also auch dann, wenn sie arbeitslos sind und die Frau für den Lebensunterhalt aufkommt.

Gewalttätigkeit gegenüber der Partnerin beruht folglich nicht auf »äußeren Faktoren«, sondern darauf, wie der Mann sich ihnen gegenüber verhält.

Form der Partnerschaft

Ob es sich um eine Ehe oder eheähnliche Beziehung handelt, ob Kinder vorhanden sind oder nicht, kurzum die Familienkonstellation spielt als »äußerer Faktor« für die Gewaltbereitschaft respektive -tätigkeit eines Mannes ebenfalls keine Rolle. Ausschlaggebend ist die Bewertung der Beziehung aus der Sicht des Mannes. Wenn ihm die Beziehung sehr wichtig ist, eine langfristige Zukunftsplanung besteht und er sich an die Frau emotional gebunden fühlt, nimmt die Gefahr zu, daß er schlägt. Kinder verstärken oftmals die engere Bindung an die Frau.

In Einzelfällen fühlen sich Männer durch die Kinder veranlaßt, unsere Beratung aufzusuchen, weil die Kinder die Gewalt des Vaters gegen die Mutter bemerkt haben. Kinder fungieren dann als moralische Instanz: Weil Männer ihre Kinder verschonen wollen, entschließen sie sich, ihr Verhalten zu ändern.

Kultur und Medien

Bei der Beschäftigung mit Männer-Gewalt gibt es immer wieder Versuche, Gewalt kulturell zu erklären. Gefragt wird, ob die deutsche Kultur einen Nährboden für Männer-Gewalt bereitet oder ob es Gesellschaftsformen gibt, in denen es seltener zur Gewalttätigkeit von Männern kommt.

Kulturelle Betrachtungen entscheiden darüber, ob und wie Gewalt wahrgenommen wird. Es wird in Deutschland nicht mehr Gewalt ausgeübt als anderswo, aber das Verständnis und die Akzeptanz von Gewalt unterscheiden sich kulturell. Handlungen, die hier als Gewalt bezeichnet werden, gelten andernorts nicht als Gewalt – und umgekehrt. Darüber hinaus vollzieht sich innerhalb einer Kultur ein Wandel in der Einstellung zur Gewalt. Bei uns hat die Bewußtseinsänderung dazu geführt, daß körperliche Gewalt weniger bagatellisiert wird. Dieser Umstand hat die irrige Annahme zur Folge, daß die Gewalt zugenommen hätte. Damit wuchs allgemein auch das Bedrohungsgefühl, obwohl die Gewalt an sich nicht zugenommen hat, wie Kriminalitätsstatistiken beweisen.

Untersuchungen belegen, daß in den USA Gewaltdarstellungen in Nachrichtensendungen drastisch zugenommen haben. Dadurch wird der Bevölkerung, auch bei uns, glauben gemacht, Gewalthandlungen seien in demselben Umfang angestiegen. Die Medien sind also mitverantwortlich für die falsche Behauptung, daß es heute mehr Gewalt gibt.

Und auch die Parteien tragen mit ihren Angstparolen zum Bedrohungsgefühl bei, weil sie daraus politisches Kapital beim Wahlvolk schlagen können (exemplarisch in der SPD-Wahlkampagne von 1994 »Sicherheit statt Angst«).

Das Thema Gewalt läßt sich generell gut verkaufen, beziehungsweise mit dem Thema Gewalt läßt sich vieles andere besser verkaufen. In Fernseh- und Kinofilmen, denen es an Handlung mangelt, werden eine Unmenge Morde gezeigt. Selbst Nachrichtensendungen kämpfen mit Gewaltberichten und -darstellungen um Einschaltquoten.

Gewalt hat zwei Seiten, sie ist ambivalent: spannend und bedrohlich, anziehend und abschreckend zugleich. Über die Identifikation mit dem Gewalttäter kann ein Stück weit Befreiung erlebt werden, über die Identifikation mit dem Opfer furchtbare Bedrohung. Bei Gewaltdarstellungen ist oder bleibt kaum jemand gelangweilt – es sei denn, derjenige ist inzwischen völlig abgestumpft. Um überhaupt noch einen Kitzel zu erleben, muß der Reiz peu à peu gesteigert werden. Vor einigen Jahren wurden Tote nur von weitem, dann die mit Tüchern abgedeckten Opfer gezeigt. Heute bekommt der Zuschauer unverhüllt blutüberströmte Leichen zu sehen. Diese Tendenz zwingt gleichsam die Medien, immer hemmungsloser zu verfahren. Sie führt zur Eskalation in der Darstellung von Gewalt und Brutalität, und zwar möglichst realitätsnah. Die Grenze zwischen Film und Wirklichkeit verwischt. Der Zuschauer wird zum Gewalt-Voyeur, wenn nicht sogar zum Imitator. Auch aus diesem Grund ist es zu einer Veränderung (nicht Zunahme!) der Gewalt gekommen: Die Gewalttaten sind brutaler und die Gewalttäter jünger geworden. Gewalt übt eine Faszination aus, unabhängig vom Geschlecht. Auch Frauen haben Gewalt- und Machtphantasien. Interessant ist jedoch, daß diese Phantasien nahezu ausschließlich von Jungen und Männern umgesetzt werden. Das gilt insbesondere für exzessive Gewaltverbrechen. Diese Greueltaten lassen sich zum Teil als genaue Nachspiele von Filmsequenzen rekonstruieren. Schon Jungen versuchen brutale Szenen, die sie im Fernsehen gesehen haben, zu wiederholen. Dabei kommt es mitunter zu tödlichen Unfällen.

Da es Jungen und Männern an positiven Identifikationsfiguren mangelt, sind sie »gezwungen«, auf Fiktionen zurückzugreifen. Aber die durch Gewaltdarstellungen im Fernsehen ausgelösten Phantasien helfen dem Mann oder Jungen nicht, seine Alltagsprobleme zu bewältigen. Er flüchtet sich in Größenphantasien, die der Realität immer weniger standzuhalten vermögen. Gewaltfilme haben keine Ventilfunktion, sie setzen eher eine Gewaltspirale in Bewegung.

Gewaltdarstellungen können sogar wie eine Initialzündung wirken. Als zum Beispiel in Rostock zum ersten Mal ein Ausländerwohnheim in Brand gesteckt wurde und sämtliche Medien darüber berichteten, verbreitete sich auf diesem Wege eine »Methode«, ein Vor-Bild. In der Folge kam es zu etlichen Brandanschlägen gegen Ausländerunterkünfte, weil Männer und Jungen einem für sie sinnstiftenden Verhaltensmuster nacheiferten.

Studien über die Auswirkungen von Gewaltdarstellungen, die von den Medien in Auftrag gegeben werden, analysieren die Gewalttätigkeit von Kindern. Sie differenzieren nicht zwischen Jungen und Mädchen. Auf diese Weise kommt man zu dem Ergebnis, daß einige Kinder durch entsprechende Darstellungen zu Gewalttaten angestiftet werden und andere nicht. Also kann die Gewaltbereitschaft mit dem vorher gesehenen Film nichts zu tun haben. Würde man das Gewaltverhalten von Jungen und von

Mädchen getrennt untersuchen, erhielte man ganz andere, wesentlich bedenklichere Resultate. Aber daran haben die Geld- und Auftraggeber solcher Forschungen offensichtlich kein Interesse. Unseres Wissens gibt es über die Auswirkungen von Gewaltdarstellungen keine einzige geschlechtstypische Analyse.

In allen anderen Bereichen herrscht Einigkeit darüber, daß Lernen am Modell, das heißt durch Vormachen und Nachahmen, die effektivste Form des Lernens ist (denken wir nur an die Verkehrserziehung oder an den Schulunterricht). Für den Gewaltbereich soll dieses Prinzip nach Auffassung der Medienvertreter auf einmal keine Gültigkeit beanspruchen können. Selbst in der Psychologie gilt das Lernen am Modell unbestritten als die wirkungsvollste Lernmethode. Nur beim Thema Gewalt herrscht Uneinigkeit.

Sexualleben

Auf der Suche nach Motiven oder Hintergründen für Gewalt, im besonderen sexualisierter Gewalt, kann man natürlich auch nach dem Sexualleben von Männern fragen.

In der Sexualität herrscht zwischen Mann und Frau eines der größten Mißverständnisse. Männer halten Beziehungen allgemein dann für gut, wenn der Sex »stimmt«, und für die meisten Frauen ist Sex erst möglich, wenn die Beziehung »stimmt«. Das heißt, für die Frauen ist die Grundbedingung für Sexualität eine glückliche Beziehung, und für die Männer ist umgekehrt die Grundbedingung für eine glückliche Beziehung die Sexualität.

Dieser Umgang mit Sexualität hat für Männer Tradition. Kleine Jungen werden bereits in der Schule »mechanistisch« aufgeklärt, sie bekommen eine Technik vermittelt, über Gefühle schweigt Mann sich aus. Sexualität wird nicht in Verbindung gebracht mit Liebe, Freundschaft, Zärtlichkeit, erst recht nicht mit Angst, Enttäuschung und Hemmung.

In der stark sexualisierten Sprache von Jungen wird offenbar, wie brennend sie das Thema Sexualität interessiert, wie viele Fragen sie dazu haben, wie sehr es sie beschäftigt. Jedes zweite Wort in einer bestimmten Altersgruppe ist »Fotze«, »schwule Sau«, »Schwanz«, »ficken« etc. Das sind, recht besehen, alles Fragestellungen. Bevor Jungen anfangen, sich auf diese Weise zu äußern, stellen sie konkrete Fragen zur Sexualität, die ihnen gemeinhin nicht beantwortet werden. Weil sie sich keine Blöße geben, aber nach wie vor Antworten erhalten wollen, wiederholen sie die Fragen auf indirektem Weg. Auf diese »Winke« reagiert kein Vater und kein Lehrer, niemand geht auf sie ein. Entweder wird geflissentlich darüber hinweggehört oder es wird der moralische Zeigefinger erhoben (»Das sagt man aber nicht«). Anfangs halten die Erwachsenen die Jungen für zu klein, später für zu verdorben, um ihnen etwas erklären zu können. Bei den meisten Männern aber verbirgt sich hinter der Ignoranz gegenüber den Fragen der Jungen die Scheu, über ihre eigene Sexualität zu reden.

Mit Sprüchen versuchen sie, ihre Unsicherheiten zu kaschieren und Allwissenheit und Erfolg zur Schau zu stellen. Sie wollen damit auch vorgeben, keine Hemmungen zu haben, über Sexualität zu sprechen. Sprüche wie: »Männer mögen's schnell und Frauen langsam« oder »Männer sind allzeit bereit und kommen mindestens dreimal«, täuschen persönliche Erfahrungen und Erfolge vor, (re)produzieren im Grunde jedoch nur falsche Klischees, denen sich keiner mehr zu widersprechen traut. Viele Männer machen die Erfahrung, daß sie dem Klischee nicht entsprechen und fühlen sich dadurch automatisch als Versager. Da Männer über ihre Versagensängste nicht miteinander reden, ist jeder einzelne der festen Überzeugung, daß nur er ein »Schlappschwanz« ist.

Der männliche »Sex-Mythos« gleicht dem unerreichbaren Leitbild, dem es nachzujagen gilt, einer Männernorm, die erfüllt, besser noch überboten werden soll. Mit diesen Klischees und Idealen überfordern sich Männer unentwegt selbst.

Ein anderes Klischee richtet sich gegen die Frau: Sie müsse gegebenenfalls mit Gewalt zur Sexualität gezwungen werden, wenn sie nicht willig sei. Das ist eine Erklärung dafür, warum Männer Sexualität mit Gewalt und Nötigung zusammendenken. Tatsächlich »pflegen« viele Männer nicht zuletzt deshalb einen etwas rüden Umgang in der Sexualität, um diesem Image gerecht zu werden. Damit beweisen sie, ein »richtiger« Mann zu sein.

Frauen wird zugestanden, mal Lust und mal keine Lust zu haben. Bei Männern ist Sex dagegen keine Frage von Lust oder Unlust. Ein Mann muß immer können. Um diesem Mythos zu entsprechen, macht der Mann nicht nur der Frau, sondern notfalls auch sich selbst Druck, obschon er eigentlich nicht mit der Frau schlafen mag. Der Mann versucht, sich zu »zünden« oder die »Schuld« an seiner Unlust der Frau zu geben (zum Beispiel häßlich oder langweilig). Nicht umsonst zweifeln Frauen an ihrer Attraktivität oder gleich an der ganzen Beziehung, wenn der Mann »keinen hochkriegt«. Männer, die solchen Klischees aufsitzen, können demzufolge weder mit einer Frau noch mit sich selbst liebevoll, zärtlich und ehrlich umgehen. »Nur zu kuscheln«, wäre ein Eingeständnis von Schwäche, weil das nicht zur Männernorm paßt. Also wird sich der Mann puschen und versucht es mit der etwas gröberen Art – oder schlimmstenfalls Gewalt –, um Sex zu machen.

Bei den Männern in unserer Beratung geht es nicht darum, daß sie immer nur das eine wollen, sondern daß sie denken, sie müßten immer nur das eine wollen. Konsequenzen dieser männlichen Umgangsform mit Sexualität sind zum einen die Nähe von sexuellen Phantasien und Gewaltphantasien, zum anderen eine Art, über Sexualität zu reden, die sie als etwas sehr Gewalttätiges erscheinen läßt.

Uns geht es keinesfalls darum, Männer in Schutz zu nehmen oder Verhaltensformen zu entschuldigen. Vielmehr sind wir darum bemüht zu erklären, warum Sexualität und Gewalt für Männer eng zusammenliegen, warum Männer überhaupt auf die Idee kommen, durch Sexualität Gewalt auszuüben, das heißt eine Frau zu vergewaltigen.

Ein weiteres Klischee ist das besagte Dampfkesselprinzip, wonach die unaufhörliche Spermaproduktion in den Hoden sich irgendwann entladen *muß*. Allein schon aus biologischen Gründen brauche der Mann regelmäßigen Sex. Dieser Mythos wird auch von Vergewaltigern (und Richtern) als perfekte Erklärung für die Gewalttat benutzt.

Zum Mythos »Mann« gehört auch, daß der aktive, triebstarke Mann gegenüber der passiven, triebschwachen Frau beim Sex die Initiative ergreifen soll. Der Mann fühlt sich als Versager, wenn ihm das nicht gelingt. Er funktionalisiert sich, um der Rollenerwartung gerecht zu werden, und diktiert die Häufigkeit des Sex. Noch in diesem Punkt versucht er, einem gesellschaftlichen Vorurteil zu genügen, demzufolge ein Mann in einer richtigen, guten Beziehung zweimal in der Woche mit seiner Frau schläft. Die als wissenschaftlich »gesichert« verkauften Zahlen sind viel zu hoch gegriffen und haben zur Folge, daß Männer an sich und an der Beziehung zweifeln, wenn sie diese Norm nicht erreichen.

Sexualität wird auch durch Pornographie normiert. Durch pornographische Filme oder andere Darbietungen bildet sich der Mann oder ein Junge, der kaum Antworten auf seine Fragen erhalten hat, eine Vorstellung davon, wie Sex mit einer Frau zu sein hat, welche »Aufgaben« ihm zukommen, wie die Realität »ist«. Im schlimmsten Fall versuchen Jungen und Männer, die in der Pornographie als Norm erscheinenden Vergewaltigungsszenen nachzuspielen.

Aus der Verinnerlichung solcher Mythen und gesellschaftlichen Normen folgt, daß Sexualität von Männern funktional statt emotional erlebt wird. Sexualität wird nicht gelebt, sondern gemacht. Deshalb kann ein Mann Sex auch für andere Zwecke instrumentalisieren – zum Beispiel für Gewalt.

Selbst die katholische Kirche betrachtet Sexualität funktional. Sie reduziert Sexualität auf den Geschlechtsverkehr, der innerhalb einer ehelichen Gemeinschaft der Fortpflanzung dient. Dieses zweckrationale und restriktive Denken macht den sehr komplexen und »unheimlichen« Bereich Sexualität handhabbar. Das ist der Vorteil derartiger Funktionalisierungen.

Wenn ein Mann Nähe zu einem anderen Menschen hat, ob Mann oder Frau, muß es – dem Mythos gemäß – zwischen ihnen eine sexuelle Beziehung geben. Das ist die einzige zulässige und auch mögliche Form von Nähe, die ein Mann zu einer Frau haben oder herstellen kann.

Weil Beziehungen zwischen Mann und Frau zu sexuellen Verhältnissen funktionalisiert werden und die normierte Sexualität für Männer unerreichbar ist, besteht immer die Möglichkeit *und* Gefahr, daß Männer Sex gewalttätig erzwingen oder Gewalt sexualisieren.

Gefühle und deren Abwehr (»Gewinn-Verlust-Rechnung«)

Gefühle wie Angst, Hilflosigkeit, Abhängigkeit, Frustration, Verletzung, Sprachlosigkeit (was nichts anderes bedeutet als zu ver-sagen), Unsicherheit, Ablehnung, Isolation, Unterlegenheit, Ohnmacht gelten als spezifisch weibliche Gefühle. Schon das Wort »Gefühl« ist originär weiblich, weiblich besetzt, weiblich konnotiert. Wenn ein Mann also Gefühle zuläßt oder gar zeigt, fühlt er sich in seiner Geschlechtsidentität bedroht, weil er dann nicht als »richtiger« Mann gilt. Deshalb tut er von Anbeginn alles, um diese Gefühle weder selbst zu merken noch sich anmerken zu lassen. Er wird sie um so mehr abzuwehren versuchen, je mehr er dem Männerbild entsprechen möchte. Die Abwehr solcher Gefühle kann durch Gewalt vollzogen werden. Der Mann schlägt sich die Gefühle gewissermaßen vom Hals. Er demonstriert durch Gewalt, daß er sich *nicht* ohnmächtig, *nicht* hilflos und *nicht* ängstlich fühlt. Der Frau soll »schlagartig« bewußt gemacht werden, daß die Kraft und Stärke beim Mann liegen.

Der Mann setzt Gewalt ein, weil sie für ihn Vorteile hat, weil sie ein bestimmtes Ziel verfolgt, weil sie eine Aufgabe erfüllt. Wenn sich Männer von der Gewalt keinen Gewinn versprächen, wären sie nicht gewalttätig. Deshalb versuchen wir in der Beratung, den Gewinn zu ermitteln, den der Mann sich durch die Gewaltanwendung verspricht. Nach Funktion und Gewinn von Gewalt zu forschen, kommt dem Denken von Männern sehr entgegen. Dieses Vorgehen ist zielorientiert und frei von »Gefühlsduselei«.

Wir fragen die Männer nicht nach ihren Gefühlen, weil wir dann als Berater gleichsam die Bemühungen der Frauen fortsetzen würden (»Was fühlst du jetzt?«, »Zeig doch mal Gefühl!«), dadurch in die Rolle der Partnerin gerieten und eine Neuauflage der Beziehungskonstellation schaffen würden. Die Männer sähen sich wieder genötigt, sich zu rechtfertigen und zu verteidigen. Der Mann würde die Gegenposition beziehen. Das aber geschieht in der Gewaltbeziehung ohnehin (»Nicht ich bin der Schwache, sondern du! Ich habe hier das Sagen! Als derjenige, der zuschlägt, bin ich Herr der Situation!«). Auf diese Weise wird kein Mann den Preis seines Handelns einsehen und Schlüsse daraus ziehen. Natürlich kennt der Mann Gefühle von Angst und Hilflosigkeit, aber was er während der Gewalttat erlebt und was er davon später zugeben kann, ist zweierlei. Eine Veränderung findet auf diese Weise nicht statt. Deshalb geht es bei unserer Arbeit um die Funktion von Gewalt und die »Gewinn-Verlust-Rechnung«.

Auf der Gewinnseite der Gewalt können wir hauptsächlich die Konfliktabwehr, die Möglichkeit, aus Situationen herauszukommen, in denen sich der Mann sonst als handlungsunfähig, ratlos und überfordert erlebt, verbuchen. Auf der Verlustseite steht dagegen der Rückzug oder sogar die Trennung der Partnerin, manchmal auch die Verängstigung der Kinder, das Zerbrechen des Heimes, für das der Mann so viel arbeitet. Diese Gewinn- und Verlustbilanz macht jede Moralisierung oder gar Verurteilung sowie jeden expliziten Appell überflüssig, da sie von sich aus zur Veränderung motiviert. Dem Mann wird durch diese Rechnung deutlich, welchen Preis er am Ende zahlen muß. Die Entscheidung liegt jetzt nur bei ihm. Unsere Aufgabe besteht allein darin, dem Ratsuchenden diese sehr plausible Sichtweise anzubieten, die Rechnung mit ihm gemeinsam aufzustellen und etwaige Hintertüren oder Fluchtausgänge (es gibt keinen Obulus, Vertuschen ändert nichts an der Bilanz usw.) zu versperren.

Selbstverständlich spielen Gefühle und ihre Benennung in unserer Arbeit auch eine Rolle, aber sie dürfen nicht den Ausgangspunkt oder Fokus der Beratung bilden. Indem wir die »Gewinn-Verlust-Rechnung« aufmachen, sprechen wir Gefühle auf einer anderen Ebene an. Wir bieten dem Mann damit ein Forum, über seine Gefühle zu reden, wenn er will. Aber er braucht es nicht zu tun, weil allein schon die »buchhalterische« Verhandlung über Gewinne und Verluste Veränderung bewirkt.

In der psychosozialen Beratungspraxis herrscht die Auffassung vor, daß eine »richtige« Therapie tiefschürfende Gefühlsarbeit verlangt. Erst wenn der Klient in Gefühlen schwelgt, können hochwertige Arbeit geleistet und Veränderung bewirkt werden. Wir lehnen diesen Therapieansatz nicht prinzipiell ab, halten ihn aber für die Arbeit mit – gewalttätigen – Männern für unattraktiv und unbrauchbar. Um das an der Sprache zu verdeutlichen: Es macht bereits einen Unterschied, ob wir danach fragen, was der Klient *fühlt* oder was er *merkt.* »Merken« schmeckt nach Rationalität und ist dem Mann sehr viel sympathischer. Ein einziges, für das psychosoziale Vokabular anscheinend unabdingbares Wort kann in unserer Beratung dazu führen, daß ein Mann nie wieder kommt. Auf solche Feinheiten kommt es mitunter an.

Berufliche oder außerhäusliche Entscheidungen und Probleme werden in den seltensten Fällen mit Gewalt gelöst. Entweder gibt es für Männer gar keine Probleme, oder sie werden gelöst. Dafür haben sich Männer ein Handwerkszeug zugelegt. Bei häuslichen Problemen dagegen, die durch Unstimmigkeiten in der Beziehung, also Disharmonien und Spannungen im Gefühlsbereich entstehen, verliert der Mann die Kontrolle. Er fühlt sich ohnmächtig und unterlegen, vor allem der noch handelnden Frau gegenüber. Eine Methode, die dem Mann in solchen Situationen angemessen scheint, ist, bewußt und wirkungsvoll zu handeln –

Hauptsache handeln. Am effektivsten ist für ihn das Schlagen. Dadurch werden die Verhältnisse von Aktivität und Passivität, Macht und Ohnmacht augenblicklich verkehrt, das heißt für den Mann richtiggestellt. Damit hat der Mann seine Männlichkeit oder das, was er dafür hält, erlangt oder bestätigt. Ziel und Zweck von Beziehungsgewalt ist ja nicht die Ausübung von Macht, sondern die Abwehr von Ohnmacht.

Augenfällig wird die Funktion und Dynamik der Gewalt bei Männern, die im Verlauf einer Beziehung nie gewalttätig wurden, aber im Moment einer von der Frau eingeleiteten Trennung gröbste Gewalt ausüben. Anstatt die Partnerin zu umwerben und alles daranzusetzen, sie zu halten, schlägt der Mann auf sie ein. Auf diese Weise ist er dem Geschehen nicht länger tatenlos ausgeliefert. Durch die Gewalttat gewinnt ein Mann den Eindruck, die Frau habe sich von ihm getrennt, weil er sie geschlagen hat, er selbst habe es also »in der Hand gehabt«, er habe es »gemacht«. Gewalt ist auch in diesem Fall kein Zeichen von Stärke, sondern Abwehr von Schwäche.

Gewalt ist auch keine andere Form von Sprechen, kein Sprechakt. Vielmehr zeugt sie von Sprachlosigkeit. Wenn erst leise geredet und später geschrien wird, bleibt doch das Gespräch erhalten, wenn auch in anderer Lautstärke. Bei der Gewalttat kommt es demgegenüber zu einem jähen Abbruch des Gesprächs (siehe Kommunikationsmodell in Kapitel I). Und das ist ein wesentlicher Zweck vieler Gewalthandlungen. Deswegen hat die Gewalthandlung für den Mann zunächst keinen Leidensdruck zur Folge, sondern, im Gegenteil, Entlastung, also Erfolg. Wenn der Mann in die Diskussion mit der Frau eingestiegen wäre, ohne eigentlich gesprächsbereit zu sein, hätte die Frau aus seiner Sicht ihren Willen durchgesetzt und gesiegt. Ein Wortstreit wäre dem Interesse der Partnerin nachgekommen, aber mit der Gewalthandlung hat der Mann in seinem Sinne wieder Einfluß – und seine Ruhe – gewonnen. Die »positive« Erfahrung, daß durch einen Schlag die Frau zum Schweigen gebracht werden kann, wie »wenn man ein Radio ausstellt«, kann als Motiv für erneute Gewalt dienen.

Streß und Belastung

Der Umgang mit Streß – wir nennen es lieber Belastung – spielt in der Arbeit mit Männern relativ früh eine große Rolle. Den Ausdruck »Streß« vermeiden wir deshalb, weil heutzutage jeder im Streß ist, der Begriff dermaßen inflationär und teilweise positiv gebraucht wird, daß er für unsere Arbeit untauglich ist. Die Wissenschaft unterscheidet eigentlich zwischen gutem, gesundem Streß und schlechtem, schädlichem Disstreß. In die Alltagssprache hat diese Differenzierung jedoch keinen Eingang gefunden, so daß mit »Streß« weithin »Disstreß« gemeint ist. Streß wird aber nicht nur negativ verstanden, sondern zeugt im positiven Sinne von Betriebsamkeit und Vitalität (die Geschäfte können gar nicht »laufen«, wenn der Geschäftsmann nicht im Streß ist). Im Wort »Belastung« hingegen ist »Last« enthalten, was nicht positiv uminterpretiert werden kann. Belastung klingt eindeutig negativ.

Wenn Männer ihr Leben betrachten, dann sprechen sie von Herausforderungen und Aufgaben, aber nicht von Belastungen. Weil sie Belastung mit Überlastung gleichsetzen und Überlastung mit Versagen beziehungsweise der Angst davor zu kapitulieren, nimmt kaum ein Mann Belastung als solche wahr. In seiner Innenwertung erlebt er keine Belastung.

Wenn wir in der Beratung das Thema Belastung ansprechen und die Männer erstmals ihre Belastungen entdecken, zieht das vielen Männern den Boden unter den Füßen weg. Belastungen einzugestehen grenzt an das Zugeben von Schwäche. Gleichzeitig erkennt jeder Mann für sich, daß es nicht nur ihm so geht, und er verläßt die Beratung nicht mit dem Gefühl, der einzige Versager weit und breit zu sein. In dieser Weise lernen Männer, Belastungen zu akzeptieren, so daß sie sie noch ertragen können. Auf dieser Grundlage sind Männer in der Lage, etwas zu verändern. Sogenannte, vielfach angebotene Streßbewältigungstrainings nützen Männer dagegen nicht, um mit ihren Belastungen anders umzugehen.

»Kompromiß« gilt unter Männern als Schimpfwort. Gemeinsame Lösungsfindung bedeutet für Männer, daß der eine gewonnen hat, weil er sich durchzusetzen verstand, und der andere verloren hat, weil er nachgab. Aus dieser Sicht gibt es überhaupt nur faule Kompromisse. Ein guter Kompromiß ist für einen Mann undenkbar. Auch wenn sein Arbeitsalltag über weite Strecken aus dem Herstellen von Kompromissen in Auseinandersetzungen besteht, wertet sie der Mann persönlich negativ, erst recht in einer für ihn emotional sehr engen Beziehung.

»Der Klügere gibt nach« stellt für Männer nur einen Notbehelf dar, mit dem versucht wird, Kränkungen zu verharmlosen. Denn wenn er nachgegeben, »klein beigegeben« hat, steht er auf der Verliererseite. Sagt er sich dann: »Der Klügere gibt nach«, versucht er damit, das subjektive Gefühl des Versagens zu kompensieren. Aus »klein« wird »klüger«. Das Ideal eines Mannes manifestiert sich in der angstfreien Souveränität. Bei einer sich anbahnenden Kneipenschlägerei werden die meisten Männer der Vernunft gehorchen und sich zurückziehen. Die Vernunftentscheidung wird von dem Gefühl der Angst begleitet. Diese Angst erleben sie nicht als natürliche Schutzreaktion, sondern als persönliche Schwäche und damit als individuelles Versagen. Die Flucht aus der Situation wertet der Mann als Feigheit.

Ohne sie auszuüben, ist Gewalt ein beherrschendes Thema für den Mann. Das Beispiel von »Der Klügere gibt nach« führen wir oft an, um Männern zu zeigen, daß Gewalt für jeden Mann ein Thema ist. Auch im Manager-Alltag gibt es Auseinandersetzungen, Konfrontationen, aus denen ein Gewinner und ein Verlierer herausgehen. In den Trainings für Teamarbeit und Führung werden zwar Kompromisse, gemeinsame Lösungen, Gleichheit mit Worten eingeübt, aber sie werden nicht realisiert, weil die Forderungen und Techniken auf einen – männlichen – Boden fallen, der Kompromisse überhaupt nicht erlaubt. Zum Manager des Jahres 1993 wurde nicht ohne Grund ein Mann gekürt, der am brutalsten »seine Sache durchzieht«. Er erlebt jede Auseinandersetzung als einen »Überlebenskampf« (vergl. Lempert/Oelemann 1994). Ähnlich verhält es sich bei vielen Spitzenmanagern und -politikern. Ihre Führungsstile zeichnen sich dadurch aus, andere abzusägen, sobald sie aufsteigen und für sie gefährlich werden könnten. Diese individuell erfolgreiche Strategie sichert ihnen ihre Machtposition. Für die Gesellschaft ist dieses Prinzip auf Dauer uneffektiv und schädlich.

Die Arbeitswelt ist die Lebenswelt der Männer. Zu einem beträchtlichen Teil definieren sich Männer über ihre Berufstätigkeit. Der Umgang im Betrieb prägt den Mann, er ist zugleich Ausdruck und Quelle ungeheuren Leidens. Dieser Zustand läßt sich nur ändern, wenn zum Beispiel Betriebsseminare geschlechtstypisch konzipiert werden. Nur so kann man verhindern, daß Teamarbeit, Gleichheit und Kompromißbereitschaft weiterhin Ideologie oder Floskel bleiben, tatsächlich aber traditionelle Männlichkeit zelebriert wird. Die bloße Vermittlung von Wissen verändert nichts, es muß danach gefragt werden, was die Arbeitssituation mit dem alltäglichen Lebensgefühl des Mannes zu tun hat. Aber das halten nicht nur einzelne Männer nicht aus. Firmen und natürlich auch Familien vertragen oftmals keine anderen als hierarchische Strukturen, das heißt, die von uns angestrebten Veränderungen korrespondieren nicht mit bestimmten Geschäftsinteressen oder Familienordnungen.

Wir gehen davon aus, daß Veränderungen trotzdem möglich sind – und zwar individuell. Es muß nicht erst gesellschaftlich oder gesamtfamiliär etwas geändert werden, damit der oder die einzelne sich ändern kann. Veränderung vollzieht sich eher umgekehrt. In der Tat gibt es gegenwärtig verschiedene Ansätze zum Wandel, wie zum Beispiel in der Initiative alleinerziehender Väter. Diese Minderheit macht einen Anfang und anderen Hoffnung. Bemühungen wie diese sollen weder überbewertet noch unterschätzt werden. Es gibt sie, mit ihnen wird Bewußtsein, Bewegung und Veränderung initiiert.

Neben der Belastung ist die Entlastung ein wichtiges Thema in der Gewaltarbeit. Veränderung vollzieht sich dadurch, daß die Männer erkennen und sich eingestehen, daß es ihnen mit der Gewalt nicht gutgeht in der Beziehung. Sie leiden unter den Folgen.

In Partnerschaften, ganz besonders in gewalttätigen Beziehungen, ordnet der Mann Belastung dem Außenbereich und Entlastung der Familie zu. Die Partnerin hat für seinen psychisch-seelischen Ausgleich zum Berufsleben zu sorgen. Die Aufgabe der Frau besteht nach Auffassung des Mannes darin, seine Belastungen im Vorfeld zu nehmen und für Entlastung zu sorgen (womit sie natürlich vollkommen überfordert und ein Scheitern vorgezeichnet ist). Die Frau entwickelt nicht selten eine höhere Sensibilität für das Befinden ihres Mannes als er selbst. Würde der Mann sich selbst und seine Belastung wahrnehmen, könnte das seine Funktionstüchtigkeit in der Außenwelt beeinträchtigen.

Wenn ein Mann seine Familie nicht »im Griff hat«, wird das von den Kollegen als Schwäche und vom Chef als Risiko für den Betrieb mißbilligt. Arbeitgeber beschäftigen vorzugsweise hochbelastbare Arbeitnehmer, die verheiratet sind und in »glücklichen, intakten« Familien leben. Von daher kann und darf ein Mann seine Belastungen gar nicht registrieren und ist existentiell auf seine entlastende und entsorgende Frau angewiesen (in einem Gespräch unter Männern sind emotionale Probleme tabu). Diese Abhängigkeit wird zwar als Zeichen einer guten Partnerschaft verstanden, läuft im Grunde aber der Rollenvorstellung eines unabhängigen Mannes zuwider. Eklatant wird der Widerspruch bei Auseinandersetzungen innerhalb der Beziehung, in denen der Mann für seine Entlastung selbst sorgen muß. Er sitzt dann gewissermaßen zweifach auf dem Trockenen, seine Abhängigkeit von der Partnerin wird ihm doppelt bewußt. Das berührt in erheblichem Maße sein Selbstverständnis. Wenn es ihm dann nicht gelingt, diese enormen Anspannungen abzubauen oder aus der

Situation herauszugehen, besteht größte Gefahr, daß er gegenüber seiner Partnerin gewalttätig wird.

Die Frau wird vor allem deshalb vom Mann geschlagen, weil sie – nach seinem Verständnis – in der Beziehung oder Familie ihre Aufgabe, ihre Rolle nicht erfüllt hat.

Die Ursache und selbst der Anlaß für die Unzufriedenheit des Mannes liegen fast immer außerhalb des häuslichen Bereichs, in dem er seine unangenehmen, belastenden Gefühle von sich schlägt. Das erklärt, warum der Mann scheinbar ohne Anlaß gewalttätig wird, sobald er das Haus betritt. Nach einem anstrengenden Arbeitstag oder einer nervigen Autorückfahrt braucht er nur noch ein Gewaltobjekt. Die Frau wird zur Leidtragenden der Belastungen des Mannes, mit denen er nicht fertig wird, weil er sie nicht wahrnimmt und schon gar nicht abbaut.

Häusliche Gewalt hängt also, unserer Überzeugung nach, mit den Anforderungen und Erwartungen eines Mannes an sich selbst und an seine Partnerin (ergo seinem Bild von Mann und Frau) zusammen und den daraus resultierenden Krisen und Belastungen, mit denen er schwer lebt. Der Punkt ist, daß der Mann als Mann die Frau schlägt, die er am meisten liebt, der er aber auch am meisten zumutet. Deswegen räumen wir dem Männerbild und den Belastungssituationen unserer Klienten große Priorität in der beraterischen Arbeit ein.

V
Strafverfolgung, Resozialisierung, Prävention und Behandlung

Strafverfolgung und Resozialisierung

Gewalttäter werden offiziell nur dann erfaßt, wenn Strafverfolgungsbehörden gegen sie ermitteln. Wenn es keine Strafverfolgung gibt, existiert anscheinend auch kein Täter. Daß es sich dabei um einen Trugschluß handelt, wird am Begriff der Dunkelziffer deutlich. Er ist Ausdruck einer Mutmaßung darüber, daß Verbrechen auch anderweitig vorkommen. Die Dunkelziffer verweist auf Gewalttaten außerhalb der erfaßten Delikte, gleichwohl dringt dieses Faktum nicht ins Allgemeinwissen ein. Deshalb ist so erschreckend wenig über den »normalen« Gewalttäter bekannt, der zu Hause seine Frau schlägt und nur in Ausnahme- oder Extremfällen verurteilt wird (zum Beispiel wenn die Frau an den Folgen der Gewalt stirbt).

Alle offiziellen Gewaltstatistiken erfassen also nicht den »normal« gewalttätigen Mann und sind daher nicht repräsentativ. Auf dieser Grundlage von Unwissenheit gedeihen die zum Teil erwähnten Mythen über Gewalt und Gewalttäter, weil eine Beschäftigung mit dem Thema fast ausschließlich im Bereich von Sanktionen stattfindet, das sind Strafverfolgung, Verurteilung und Inhaftierung. Gewalttätigen Männern passiert entweder überhaupt nichts oder sie werden verfolgt, bestraft und inhaftiert. Der Inhaftierung schließt sich die sogenannte Resozialisierung an.

Resozialisieren bedeutet landläufig, aus einem gewalttätigen »Monster« einen Menschen zu machen. Da aber Gewalt ein zentraler Bestandteil jeder männlichen Sozialisation ist, fragt sich, wohin re-, sprich zurücksozialisiert werden soll. Solange bei Resozialisierungsmaßnahmen nicht bedacht wird, daß es sich bei Gewalttätern um Männer handelt, können aus gewalttätigen keine gewaltfreien Männer gemacht werden. Einen »monströsen« Gewalttäter zu einem normalen, also traditionellen Mann zu resozialisieren, hieße, ihn auf den Boden der Gewalt zurückzuführen.

Außerdem beginnen die ersten Schritte der Resozialisierung gewöhnlich schon im Gefängnis. Aber unter der Bedingung der aktuellen oder drohenden Verhaftung wird kein gewalttätiger Mann von sich mehr aussagen als nötig – gleichgültig wem gegenüber, ob Psychologin, Pastor, Soziologin, Sozialarbeiterin, Polizist oder Richterin – aus Furcht, daß seine Angaben gegen ihn verwendet werden könnten. Das einzige Ziel der meisten Inhaftierten ist verständlicherweise, möglichst gut und schnell wieder aus dem Gefängnis zu kommen. Ein Gefängnisinsasse wird sich prinzipiell verschließen, statt sich emotional zu öffnen. Das erschwert eine Verhaltensänderung ungemein, macht sie teilweise sogar unmöglich. Des weiteren zeigt es, wie fragwürdig sämtliche Daten über Gewalttäter sind, die in Haftanstalten erhoben wurden. Die Innenperspektive eines Täters läßt sich nicht unter Strafe oder deren Androhung erfassen. Im psychologischen Jargon sagt man, das Ergebnis solcher Untersuchungen sei durch eine hohe »soziale Erwünschtheit« verfälscht. Der befragte Täter wird seine Aussagen in die Richtung umformulieren, von der er glaubt, daß sie ihm am meisten nützt.

Was strafverfolgte Täter von sich erzählen, unterliegt fallweise noch einer anderen, viel subtileren Dynamik. Wenn ein Junge oder Mann massiv gewalttätig geworden ist, zeigt er damit, daß er ein »richtiger« Mann ist. Er sucht mit seiner Tat auch nach Anerkennung. In Gefängnissen und in der Strafverfolgung allgemein herrscht ein Klima von traditioneller Männlichkeit. Es sind reine Männergesellschaften. Sie sind nach klaren hierarchischen Strukturen aufgebaut: Der Mörder steht, in der Wahrnehmung der Mitgefangenen, aber auch der Wärter, an oberster Stelle. Zu ihm wird aufgeschaut, weil er den Inbegriff eines »richtigen« Mannes verkörpert. Männer, die Kinder sexuell mißhandelt haben, rangieren in der Hierarchie dagegen ganz unten. Vergewaltigungen hinter den Gefängnismauern, die zur Tagesordnung gehören, verlaufen exakt nach dieser Rangfolge. Die, die oben stehen, vergewaltigen die, die unten stehen. Ein Neuer wird »Rotarsch« genannt, dem der »Arsch erstmal aufgerissen werden muß« – übersetzt heißt das anale Vergewaltigung.

Die Sehnsucht danach, durch Gewalt Erfolg und Anerkennung zu erlangen, kann sich paradoxerweise auch darin äußern, daß der Täter eine möglichst lange Haftstrafe bekommen möchte. Dieses Phänomen findet sich vor allem im Jugendgefängnis, das strenggenommen ein Jungengefängnis ist. Viele junge Männer lehnen Bewährung ab, weil sie befürchten, dann nicht für einen »richtigen Kerl« gehalten zu werden, da ihre Tat anscheinend keine größere Strafe »verdient« hat. Jugendgerichtshilfen bestätigen den Wunsch vieler Jungen, schon bald wieder eingesperrt zu werden.

Wenn Jungen oder Männer Anerkennung über Gewalttätigkeit suchen, scheint das für sie oft der einzige Weg zu sein, überhaupt ein Echo der Umwelt auf das eigene Verhalten zu erfahren. Gewalt dient als probates Mittel, um Grenzen auszutesten (»Wie weit kann ich gehen?«). Jungen schlagen über die Stränge, wenn über lange Zeit und auf unterschiedliche Verhaltensweisen die Personen, von denen es sich Jungen am meisten wünschen, nämlich Männer, keine Antwort geben. Mit Gewalt erzwingen sie schließlich eine Reaktion. Diese Gewalt ist dann oftmals so schwerwiegend, daß sie sofort sanktioniert und der Junge weggeschlossen wird. Gewalt ist für Männer oder Jungen die sicherste Methode, Aufmerksamkeit zu erregen. Denn Gewalt erzeugt Angst, und Angst erzeugt Handlungsdruck, dem man(n) sich am Ende beugt.

Nicht die Gewalt eskaliert, sondern die beschriebene Dynamik im Umgang mit Gewalt. Letzten Endes zeichnen männliche Politiker, die über diese Zusammenhänge kaum nachgedacht haben und die niemals zugeben würden, selbst Angst zu haben oder

Gewalt auszuüben, dafür verantwortlich. Sie fördern das Gefühl der Bedrohung in der Bevölkerung und nähren den Boden, auf dem sich Feindbilder entwickeln (siehe unter »Kultur und Medien« in Kapitel IV). Sie leisten damit den Repressionsstrategien als »berechtigte Gegengewalt« Vorschub. Mit Sachverstand hat das alles nichts mehr zu tun. Im Gegenteil: Die Eskalation ist vorprogrammiert.

Daß die Umwelt, einschließlich der Partnerin, den Gewalttäter fürchtet, hat neben den negativen durchaus positive Aspekte für den Mann. Anfangs strebt er die Angst der anderen geradezu an, schließlich beweist sie ihm seine Gefährlichkeit. Er wird zur Kenntnis genommen. Das Selbstwertgefühl eines gewalttätigen Mannes steigt um so mehr, je gefährlicher er von der Außenwelt eingestuft wird. Er erlebt die Inhaftierung gleichsam als Erfolg seines Handelns und als Beweis, ein »richtiger« Mann zu sein. Diese Bestätigung kompensiert, zumindest für den Augenblick, sein Gefühl von Orientierungslosigkeit, Minderwertigkeit, Nichtbeachtung. Meistens stellt sich nach kurzer Zeit Ernüchterung darüber ein, daß das Wegschließen kein schnell vorübergehender Zustand ist. Das anfängliche Hochgefühl schlägt um in noch größere Niedergeschlagenheit und Verunsicherung als vorher. Das Selbstwertgefühl liegt am Boden. Dieser Verfassung versucht der Mann durch noch mehr Gewalt zu begegnen.

Zahlreiche Forschungsergebnisse decken auf, daß das Gefängnis und andere Orte des Strafvollzugs paradoxerweise Ausbildungslager für Gewalt sind. Hier versuchen die Männer, mit Gewalt Schrecken zu verbreiten, Autorität und Souveränität zu demonstrieren, Respekt einzufordern und in der internen Hierarchie aufzusteigen.

Trotz dieser Mißstände in den Gefängnissen plädieren wir keineswegs für die Abschaffung des Strafvollzugs. Wir traten unter anderem dafür ein, daß eine eindeutige Gesetzeslage geschaffen wurde, die Vergewaltigung in der Ehe unter Strafe stellt. Aber den Strafvollzug, wie er heute praktiziert wird, lehnen wir ab. Die Mitglieder unserer Gesellschaft haben zweifellos ein Recht auf wirksamen Schutz vor Gewalttätern. Was aber hinter den Gefängnismauern mit den Straftätern geschieht, ist skandalös und sinnentfremdet. Sie werden nicht resozialisiert, sonden ausschließlich verwahrt. Es ist übrigens ein typisch männlicher Ansatz anzunehmen, daß die black-box »Gewalttäter« sich über massiven Druck von außen derart verkehrt, daß der Prozeß der Reue gleichsam automatisch einsetzt. Die »bösen« Straftäter brauchen bloß eingeschlossen zu werden, damit man sie »in den Griff bekommt«. Hier wiederholt sich im Strafvollzug, was ohnehin jeder Mann – und erst recht der gewalttätige Mann – mit sich selbst macht: Er versucht, sich in Zukunft zusammenzureißen, was nichts anderes heißt, als daß er seine »bösen« Anteile verschließt, ummauert und bewacht, damit sie nicht erneut zum Ausbruch kommen. Das Gefängnis ist eine Übertragung des persönlichen Selbstvollzugs und der subjektiven Isolation und Panzerung des Gefühlslebens eines Mannes. Beides hat fast notwendig zur Folge, daß der Mann noch gewalttätiger wird.

In abgeschwächter Form finden sich die Rituale und Praktiken, die in Haftanstalten exerziert werden, bei der Bundeswehr und nicht zuletzt bei der Polizei. So sieht, jeweils mit Abstufungen, die Stufenleiter der verkappten Männerschulen unserer Gesellschaft aus.

Spätestens nach 15 Jahren Haft ist jeder Mann subjektiv wie objektiv ein »richtiger, angesehener«, weil absolut traditioneller Mann. Daß er sozial isoliert und geächtet wird, steht auf einem anderen Blatt. Aber einem Mann genügt es bisweilen, ein »Knasti« oder »Ex-Knacki« zu sein, um seinen Wunsch nach Individualität erfüllt zu haben. Bestimmte Tätowierungen, die im Gefängnis entstehen, haben nur die Funktion, nach außen zu dokumentieren, daß man »drin« war. Diese buchstäblichen Auszeichnungen provozieren bei anderen Männern eine Habachtstellung, sie hierarchisieren. Ein solcher Mann ist deutlich sichtbar »mehr Mann«. Narben und Tätowierungen beweisen die Männlichkeit (eine ähnliche Funktion hatten die Schmisse als Initiationsritus in schlagenden Studentenverbindungen).

Auch wir sind keine distanzierten Forscher, sondern erleben die Hierarchie als Männer genauso. Wenngleich wir Akademiker sind und uns inzwischen nicht unbekannt ist, was da abläuft, ist uns so ein Mann auf der »Männlichkeits-Skala« eindeutig überlegen. Auch wenn wir wissen, daß das Selbstwertgefühl eines Mannes, der im Winter ein kurzärmeliges T-Shirt trägt, um Muskeln, Narben, Tätowierungen und obendrein seine Kälteunempfindlichkeit zur Schau stellen zu können, unter Null liegt, schützt uns das nicht vor dem Gefühl, als Mann »verloren« zu haben. Er kann also noch so »asozial« sein, in dieser Situation ist und bleibt er der »Gewinner«, weil er nach außen demonstriert, daß er ein »richtiger Kerl« ist.

Seitdem es unsere Beratungsstelle gibt, werden von Richterinnen und Psychologen Versuche unternommen, uns als psychosoziale Zwangseinrichtung zu instrumentalisieren. Sanktionen sollen mit Beratung gekoppelt, Straftäter zu Beratungsgesprächen gezwungen werden. (Ein Richter hat einmal sogar einem jungen Mann, der einen anderen fast erstochen hat, drei Gespräche bei uns rezeptiert. Derlei Anfragen erhalten wir regelmäßig.)

Grundlage unserer Arbeit mit gewalttätigen Männern ist und bleibt die Freiwilligkeit der Beratung. Deshalb nehmen wir Anfragen von Strafgefangenen sehr ernst, wenn sie von sich aus bei uns anrufen. Weil sie befürchten, nach kürzester Zeit in Freiheit wieder im Gefängnis zu landen, wenn sie nicht etwas ändern, erhoffen sie von einer Beratung die nötige Unterstützung. Wir erstellen weder Gutachten noch Bescheinigungen. Sollte die Beratung für Haftverkürzungen oder nur -erleichterungen genutzt werden, brechen wir die Beratung sofort ab. Obwohl oder gerade weil es keine Bewährungsauflage beziehungsweise Zwangsberatung gibt, kommen Männer aus dem Strafvollzug zu uns. Wir haben sogar die Erfahrung gemacht, daß Männer, die uns bereits aus freien Stücken aufgesucht hatten, die Beratung abgebrochen haben, als sie ihnen im nachhinein vorgeschrieben wurde.

Wenn wir mit einem Klienten arbeiten, der einsitzt, dürfen wir nie aus dem Blick verlieren, in welchem Umfeld er zwangsweise lebt. Denn unsere Bemühungen um Veränderung typischer Männerstrukturen, um Aufweichung von Rigidität und um eine Sensibilisierung für die Belastungen eines Mannes können einen Gefängnisinsassen bei den in seinem Umfeld herrschenden Umgangsformen überlebensunfähig machen. Wichtig ist in seinem Fall der psychische Schutz, der Schutz seiner Integrität. Ein Strafgefangener muß wieder mit einer gewissen Stumpfheit ins Gefängnis zurückkehren, er darf nicht alles merken, denn sonst ginge es ihm noch schlechter. Wir müssen wissen, wie lange er schon inhaftiert ist und wie lange er es noch bleibt, um entscheiden zu können, wie wir beraterisch vorgehen. Mit Haftinsassen darf keinesfalls genauso gearbeitet werden wie mit anderen Männern.

Zwangs- und Freiwilligenberatung

Im allgemeinen unterscheidet man zwischen Zwangs- und Freiwilligenprojekten. Dabei wird oft unterstellt, daß Freiwilligenberatungen von Menschen aufgesucht werden, die eine hohe Bildung mitbringen, die sich sprachlich gut ausdrücken können, vielleicht sogar über Informationen bezüglich Therapien verfügen. Tatsächlich ist es so, daß nicht Menschen, sondern Frauen diese Beratungen in Anspruch nehmen. Männer suchen, gleich welcher Vorbildung, kaum Beratungseinrichtungen auf. Das bleibt bei der Debatte um Freiwilligen- und Zwangsprojekte weitestgehend unberücksichtigt.

Forschungen zielen, wie gesagt, darauf ab herauszufinden, was die gewalttätigen Männer von den »gesunden« unterscheidet, anstatt nach geeigneten Methoden für die Arbeit mit Gewalttätern zu suchen. Wir achten dagegen auf das Gemeinsame, wir solidarisieren uns mit dem Mann als Mann. Dadurch kommen wir zu grundsätzlich anderen Ergebnissen und Schlußfolgerungen.

Uns ist das Thema Zwangsberatung versus Freiwilligenarbeit deshalb so wichtig, weil darüber eine heftige politische Kontroverse auf nationaler wie internationaler Ebene geführt wird.

Sowohl in den USA als auch in England gibt es eine Reihe von Freiwilligenprojekten und einige wenige Zwangsprojekte. Ihr Unterschied besteht nicht etwa im Härtegrad der Gewalttaten, sondern vor allem in der finanziellen Ausstattung.

In England gibt es zum Beispiel ein finanziell hervorragend abgesichertes Zwangsprojekt mit dem Namen »Change«. Während mehrerer Jahre durchliefen gerade vier Männer das Programm. Aber es stehen »Change« genügend Gelder zur Verfügung, um einen europaweiten Kongreß zu veranstalten. Etliche Freiwilligenprojekte in England müssen dagegen schließen, weil sie nicht einmal mehr in der Lage sind, ihre Miete zu begleichen.

In den USA gibt es ebenfalls sehr gut dotierte Zwangsprojekte auf der einen und vom Aussterben bedrohte Freiwilligenprojekte auf der anderen Seite. Das weist darauf hin, daß Zwangsprojekte von staatlicher Seite hohe Unterstützung genießen. Sie kommen dem Interesse männlicher Politiker nach, Gewalt auf Randgruppen zu delegieren, selbst in reiner Weste dazustehen. Es wird vorgegeben, die »guten« Bürger vor den »Bösen« zu schützen und diese trotzdem nicht gleich aufzugeben. Die Forderung nach Zwangsprojekten erwuchs aus der Frauenbewegung, resultierte aus der Angst, Wut und Rache von Frauen. Wir können die Motive der Frauen verstehen. Nur zeigen die Erfahrungen, daß trotz des relativ hohen Etats unter Zwang wenig erreicht wird. Demgegenüber haben Freiwilligenprojekte mit einem relativ geringen finanziellen Aufwand großen Erfolg.

Trotzdem gibt es auch in der BRD die Tendenz, Zwangsprojekte zu installieren. Argumentiert wird immer wieder mit dem Vorwand, gewalttätige Männer seien nicht auf dem freiwilligen Weg zu erreichen und müßten demzufolge gezwungen werden. Schließlich gäbe es Anlaufstellen, die von Männern freiwillig nicht aufgesucht würden. Bei diesen Stellen handelt es sich um Männerbüros, die unter anderem Gewaltarbeit leisten, aber nur von etwa 40 gewalttätigen Männern in ganz Deutschland genutzt werden, oder um soziale Dienststellen, die sich fast ausschließlich mit Frauen und Kindern beschäftigen. Bei genauerer Betrachtung würde man erkennen, daß die einzige Beratungsstelle für freiwillig ratsuchende Gewalttäter unsere Hamburger Einrichtung ist. Und zu der kamen allein 1996 über 500 Männer.

Daraus wird nun leider nicht geschlossen, daß die Inanspruchnahme vom Angebot abhängt. Zu Männergruppen, in denen über mangelnde Gefühle lamentiert wird, Aggression und Gewalt ohne Unterschied abgelehnt werden und der Mann im Grunde verurteilt wird, kommt natürlich kein – gewalttätiger – Mann freiwillig. Es hat lange gedauert und uns viel Mühe gekostet, deutlich zu machen, daß Männer sehr wohl auf freiwilliger Basis erreicht werden können. Unsere Beratung nutzen durchaus nicht solche Männer – wie immer wieder unterstellt wird –, die bereits über sich nachgedacht haben und ein Unrechtsbewußtsein oder hohe Intelligenz besitzen. Wir haben es mit einem Querschnitt, mit dem Durchschnittsmann zu tun; unsere Klientel ist repräsentativ.

Am Beispiel des amerikanischen Projekts DAIP, auf die Behandlungen von gewalttätigen Männern übertragen als Gladbekker Interventionsprojekt (GIP), lassen sich die konträren Ansätze und verschiedenen Ergebnisse beraterischer Tätigkeit besonders gut veranschaulichen. GIP sieht vor, Frauenberatungsstellen regional zu vernetzen, um eine engere Zusammenarbeit und endlich eine bessere Betreuung der Frauen zu gewährleisten. Männer sollen, laut Programm, in »schulklassenähnlichen Gruppen« jeweils von einem Mann und einer Frau unterrichtet werden, wobei die Frau als eine Art Kontrollinstanz fungiert, damit keine Frauenfeindlichkeit aufkeimt. Dem männlichen Leiter wird nicht getraut. Die Männer einer Gruppe sollen möglichst weit entfernt voneinander wohnen, um Treffen und daraus möglicherweise entstehender Männerkumpanei, die per se frauenfeindlich sei, vorzubeugen. Womit wir gerade gute Erfahrungen machen, nämlich Unterstützung von Männern untereinander, wird hier systematisch unterbunden. Männer leben ohnehin sozial isoliert, sprechen mit niemandem außerhalb ihrer Beziehung über emotionale Probleme und schon gar nicht über ihre Gewalttätigkeit. Dieses Verhalten wirkt gewaltverstärkend, weil es die Partnerschaft überfordert.

Das GIP-Projekt ist unter diesen Voraussetzungen von vornherein zum Scheitern verurteilt. Von DAIP in den USA werden dessenungeachtet einzelne Fälle als Demonstrationsobjekte und Beweismaterial des Erfolgs vorgeführt. So zum Beispiel ein Mann, der seine Frau verprügelte und von der Polizei vor die Wahl gestellt wurde, DAIP zu durchlaufen oder ins Gefängnis zu gehen. Er entschied sich für DAIP und hörte spontan auf zu schlagen. Seine Frau ist später aus dem US-Bundesstaat, in dem DAIP arbeitet, weggezogen. Der Mann fuhr ihr nach und schlug sie zusammen. Daraufhin zog die Frau zurück, der Mann folgte ihr auch dorthin und ist seither nicht mehr gewalttätig geworden. Für die Frau mag es sich erstmal um eine erhebliche Verbesserung ihrer Situation handeln. Der Mann hat sich jedoch keineswegs verändert, er hat schlichtweg Angst, ins Gefängnis zu kommen. Seine Gewalttätigkeit hat er nicht aufgegeben, er unterliegt einer starken Repression. Spätestens wenn diese nachläßt, wird er wieder gewalttätig. Er hat keine neuen Verhaltensweisen gelernt, die die Gewalt überflüssig machen. Dieses Projekt wird trotzdem als erfolgreiches Programm gegen Gewalttäter verkauft (unserer Meinung nach ist es ein Programm gegen die Täter, weniger gegen die Gewalt).

Alle Programme, die im Strafvollzug angewendet werden, so zum Beispiel das Antiaggressionstraining in Hameln für Gewalttäter, insbesondere Vergewaltiger und Sexualstraftäter, sind erstens dadurch gekennzeichnet, daß der Ratsuchende der »schlechtere« und der Berater der »bessere« Mann ist, das heißt durch Über- und Unterordnung. Zweitens unterscheiden sie sich fundamental von unserem Ansatz darin, daß sie Aggressivität bekämpfen, während wir gerade die Unterdrückung von Aggressionen als einen Faktor von Gewalttätigkeit erachten. Eine mögliche Konsequenz dieser Therapieformen ist, daß ein Mann, der nach einem Antiaggressionstraining Gewalt ausübt, als gänzlich unheilbar deklariert wird (»Dem ist gar nicht mehr zu helfen«), anstatt zu erkennen, daß im Vorfeld schwerwiegende Fehler gemacht wurden. Drittens verlaufen diese Programme nach einem gängigen sozialarbeiterischen und therapeutischen Schema: Zuerst wird in der Kindheit nach den Traumata geforscht, dann werden die extrem kränkenden Erlebnisse gefiltert und von den sogenannten Betreuern wiederholt inszeniert. Reagiert der Klient auf diese Kränkungen nicht mehr, gilt er als geheilt. Das ist eine vorsätzliche Desensibilisierung, die zukünftige Gewalt forciert und eine Ausformung traditioneller Männlichkeit wiedergibt. Auf diese Weise lernt kein Mann, sich zu öffnen, vielmehr wird er darin bestärkt, daß ein »richtiger« Mann alles aushält und »im Griff hat«, sogar die schlimmsten seelisch-psychischen Verletzungen.

Zu uns kommen gerade die Männer, die »alles im Griff haben«, weil sie »alles im Griff haben« – außer ihrer Gewalt. »Alles im Griff zu haben« bedeutet unberührbar, innerlich abgestorben zu sein. Aber zum Leben gehört, daß ständig etwas geschieht, von dem man vorher nichts wußte und wissen konnte. Leben beinhaltet Wut, Leid, Freude, Ärger, Erleichterung, Belastung und vieles mehr. Jeder verfügt über ein großes Spektrum an Empfindungsmöglichkeiten. Wie aber soll ich Freude empfinden, wenn ich kein Leid wahrnehme, wenn meine innere Sensibilität verlorengegangen ist? Gewalttätige Männer zeichnet eine solche innere Wüste aus. Das zeigt sich nicht nur an ihrem Umgang mit sich selbst, sie haben auch keinerlei Vorstellung davon, was ihre Gewalttat beim Opfer auslösen und dauerhaft anrichten kann. Viele Männer verstehen nicht, daß bei ihrer Frau die Angst lebendig bleibt, wenn sie doch wieder »lieb und nett« zu ihr sind. Die Fähigkeit zu Mit-Gefühl und Mit-Leid ist bei den meisten kaum vorhanden. Sie wird sich aber erst recht nicht entwickeln können, wenn Männer systematisch durch bestimmte Programme noch unempfindlicher gemacht werden. Wir sind davon überzeugt, daß ein Mann keine andere Person mehr schlägt oder mißbraucht, sobald er wirklich spürt, was er anrichtet.

Therapieansätze, die versuchen, in die Gefühlswelt früherer Erlebnisse einzudringen und diese zu reaktivieren, halten wir im Rahmen der Gewaltberatung für gefährlich. Der Mann wird noch gewalttätiger, weil Gewalt vordringlich zur Abwehr von Ohnmacht und Angst, von Gefühlen wie Kleinheit und Schwäche benützt wird. In der regressionsfördernden Arbeit nehmen diese Gefühle zu und verstärken folglich die Bereitschaft, sie durch Gewalt von sich zu schlagen.

Da eindeutige, wissenschaftliche Definitionen von »Beratung« einerseits und »Therapie« andererseits fehlen, läßt sich unsere Arbeit nicht definitiv zuordnen. Letztlich sind die Grenzen fließend. Dennoch werden bestimmte Vorstellungen mit bestimmten Begriffen verbunden, bei »Therapie« unter anderem die Auseinandersetzung mit Gefühlen. Weil wir bei der Gewaltarbeit entschieden ablehnen, regressionsfördernd vorzugehen, vermeiden wir das Wort »Therapie« und bevorzugen, unsere Arbeit »Beratung« zu nennen. Dabei kann ein Berater punktuell ohne weiteres therapeutisch verfahren; zum Teil sind therapeutische Kompetenzen wegen der hohen Krisenhaftigkeit sogar notwendig.

Alle Formen von sozialer Arbeit mit Straftätern werden von männlich dominierten und strukturierten Organen wie Justiz, Politik oder Polizei diktiert. Deshalb ist es besonders schwierig und mühsam, Männer in diesen Institutionen davon zu überzeugen, daß unsere freiwillige Beratung auch für Strafgefangene sinnvoll ist. Wir glauben, daß es durchaus im Kalkül liegt, mit Zwangsprojekten mehrere Fliegen mit einer Klappe zu schlagen: Sie können weiterhin traditionelle Männlichkeit leben, ohne sie je reflektieren zu müssen; sie stehen den Klienten (und sich selbst) gegenüber als bessere Männer da; sie können sich in der Öffentlichkeit damit brüsten, das »Unmögliche möglich« gemacht zu haben, indem sie mit denen arbeiten, mit denen keiner arbeiten will; und nicht zuletzt läßt sich damit Geld verdienen. Was sich auf diesem Markt zurechtwächst, ist unschlagbar im männlichsten Sinne.

Beratungsangebote, die von Mißtrauen, von Besserwisserei und der Projektion ungeliebter männlicher Eigenschaften auf das »Monster« bestimmt werden, wiederholen, was allgemeingesellschaftlich ununterbrochen praktiziert wird. Genau diese Distanzierung verhindert, daß Männer sich beraten lassen oder veranlaßt sie, eine Beratung abzubrechen.

Unser Zugang setzt dagegen zuallererst auf die Solidarität mit dem Mann, erst im zweiten Schritt auf die Entsolidarisierung mit seiner Gewalt. Man kann sich nämlich nur dann entsolidarisieren, das heißt von einem unerwünschten Verhalten trennen, wenn vorher eine Solidarität bestand. Unsere Herangehensweise bedeutet nicht, daß wir alle gleich sind, sie geht vielmehr davon aus, daß wir die Experten sind und der Klient zur Zeit Rat sucht, aber daß wir alle unter sehr ähnlichen Bedingungen in dieser Gesellschaft zu Männern heranwuchsen. Darin liegt der Berührungspunkt, hier können wir uns begegnen.

Konfrontation statt Mitleid mit dem Täter

Es läßt sich natürlich erklären, warum der Umgang mit Straftätern gemeinhin wie beschrieben verläuft. Bei Helferinnen und Helfern werden im Kontakt mit dem Täter Gefühle von Bedrohung und Angst, aber auch Aggressionen ausgelöst. Das läßt sie Distanz zum Täter wahren. Diese Gefühle dürfen Helferinnen und Helfer nicht haben, Wut und Aggressionen (auf den Klienten) sind die »unpädagogischsten« Gefühle. Sie widersprechen der Berufsidentität. Deshalb wenden sich Helfer dem Opferanteil im Täter zu, der bei ihnen Mitgefühl auslöst. Jetzt werden bei ihnen die Impulse geweckt, die ihrer Selbstdefinition entsprechen. Ihre Handlungsfähigkeit ist wiederhergestellt. Während die Täteranteile nur abschrecken, korrespondiert der Opferanteil mit dem Impetus, helfen zu wollen. Betreuer, Therapeuten sowie Berater konzentrieren sich deshalb auf das Opfer im Täter (»Was hat der Arme erlitten?«) und negieren den Täteranteil. Damit verlieren sie vor allem ihre eigenen Aggressionen und Distanzwünsche gegenüber dem Täter. Die Kommunikation reduziert sich nach kürzester Zeit auf den mitfühlenden Helfer oder die einfühlsame Helferin und den Opfer-Täter. Mit anderen Worten: Der Täter wird als Täter nicht ernst genommen. Diese Ausblendung kann sich auch durch Bemitleidung oder Verniedlichung vollziehen. Beraterinnen, die sich mit jungen und zum Teil sehr gewalttätigen Bergarbeitern beschäftigten, sprachen während einer Fortbildung immerzu von »unseren Jungs«, wodurch die erwachsenen Männer für sie nicht mehr so beängstigend waren.

Diese gängige Form der Gewaltarbeit hat fatale Konsequenzen. Der Täter wird noch gewalttätiger. Weil ihm nämlich die verübten Gewalttaten keine Anerkennung seiner Männlichkeit verschafft haben, verspricht er sich durch eine Steigerung seiner Gewalt den erwünschten Respekt. Er wird die Gewalttätigkeit so lange erhöhen, bis er als »richtiger« Mann behandelt wird, ergo als Täter und nicht als Opfer. Die als Gewaltverhinderung angedachte Strategie erweist sich also im Kern als Gewaltverstärkung.

Da die in sozialen Berufen tätigen Männer eine weibliche Berufssozialisation durchlaufen haben und auf Einfühlung mit dem Täter als Opfer trainiert wurden, ist ihnen eine Konfrontation mit dem Täter als Täter nahezu unmöglich.

Wir nehmen den Mann als Mann und Handelnden, das heißt als Täter ernst, indem wir ihm von Anfang an unsere Aggressionen und Distanzwünsche deutlich zeigen. Diese Gefühle zeugen dann nicht von der Ablehnung, sondern von der Akzeptanz des Täters. Aggressionen bewirken unter Männern nicht unbedingt einen Rückzug. Sie können vielmehr einen Annäherungsprozeß einleiten, weil Konfrontation, ein eindeutig aggressiver Akt, für Männer allgemein eines der probatesten Mittel zur Kontaktaufnahme darstellt. Das besagt natürlich nicht, daß Männer mit ihren Aggressionen generell besser umgehen können, weil sie über

Konfrontation leichter in Kontakt kommen. Das bedeutet nur, daß die Aggressionen in der Arbeit mit gewalttätigen Männern genutzt werden können und genutzt werden sollten, weil die Konfrontation mit dem Täter den Zugang zu ihm wesentlich erleichtert.

Zwei Beispiele sollen unseren Umgang illustrieren. Während eines Vortrags über Männer-Gewalt wurden wir von einem Zuhörer wiederholt angegriffen mit dem Argument, Männer seien schon immer gewalttätig gewesen, es sei quasi genetisch bedingt. Einer von uns erwiderte: »Mein Onkel treibt Ahnenforschung, wir sind bis ins 13. Jahrhundert vorgedrungen und auf keinen Primaten gestoßen, vielleicht ist das bei Ihnen anders.« Das Publikum reagierte empört, der betreffende Mann, im übrigen Amtsleiter einer Sozialbehörde, kam nach der Veranstaltung auf uns zu und erzählte uns, daß er selbst gewalttätig sei. Anscheinend war diese Konfrontation die beste Zugangsweise zu diesem Mann.

Das zweite Beispiel stammt aus der Jungenarbeit: Beim Betreten des Veranstaltungsraums rief ein Junge: »Na, du Wichser!«. Darauf antwortete einer von uns: »Stimmt, ich onaniere mehrmals in der Woche, und du?«. Mit dieser Reaktion erreichten wir spontan alle Jungen. Denn wir machten das, was sie nur indirekt, aber nichtsdestoweniger aggressiv ansprachen und was sie am stärksten beschäftigte, ohne zu moralisieren zum Thema.

Wir hören genau zu und nehmen das männliche Gegenüber auch als Gesprächspartner ernst. Wenn der Berater oder die Beraterin bloß Mitgefühl mit dem anderen und höchstenfalls die lieben, netten Seiten von sich selbst zeigt, bleibt er/sie unangreifbar und unberechenbar. Reagiert er/sie jedoch aggressiv und geht in Konfrontation, tritt sein/ihr eigener Standpunkt zutage. Nichts anderes passiert unter den Teilnehmern einer Gruppe in unserer Beratungsstelle. Hier finden zeitweilig heftige Auseinandersetzungen unter den Männern statt, die sie emotional öffnen und verändern. Interventionen von Mitleid verschließen dagegen, weil sich der andere kleingemacht fühlt. Wenn ein Mann berichtet, daß er gerade seine Frau zusammengeschlagen hat, und Berater mit Anteilnahme und Mitgefühl reagieren, nehmen diese auch ihre eigenen Gefühle nicht ernst. Sie heucheln. Nicht ohne Grund wird dieses Verhalten unter Männern als »sozialarbeiterisches Getue« geringgeschätzt. Der Mann stellt sich als Täter vor und will als Täter angehört und beraten, nicht als Opfer behandelt werden. Das geheuchelte Mitleid von Helfern führt zum Abbruch der Kommunikation. Vertragsbrüchig wird in dem Fall der Helfer oder die Helferin – nicht der Ratsuchende, der gekommen ist, um sich als Täter beraten zu lassen. Der gewalttätige Mann will nicht länger gewalttätig sein, also haben der Berater und die Beraterin sich an erster Stelle mit dem Thema Gewalt, mit dem Täter im Mann zu beschäftigen.

Unsere Einzel- und Gruppenberatung

Tips oder eine Art »Erste-Hilfe-Koffer« reichen nicht aus, damit ein Mann mit dem Schlagen aufhört. Eine Beratung bei uns dauert duchschnittlich ein Jahr.

Wir fangen grundsätzlich mit Einzelsitzungen an, weil ein Mann, der zu uns kommt, sich in einer akuten Krisensituation befindet. Männer kommen erst dann, wenn sie überhaupt nicht mehr weiter wissen. Das Aufsuchen einer Beratung bedeutet für sie das Eingeständnis von Hilflosigkeit und persönlichem Versagen, folglich der letzte Ausweg, der so lange wie möglich hinausgeschoben wird. Mit einer ersten Krisenintervention versuchen wir, den Mann zu stabilisieren und aktuelle Gewalt zu verhindern.

Die Arbeit in der Einzelberatung besteht in der Verantwortungsübernahme des Mannes für sein eigenes Gewaltverhalten (Umgang mit Schuld und Verantwortung), im Herausfinden der Funktion seiner Gewalt (»Gewinn-Verlust- Rechnung«), in der Erarbeitung alternativer Verhaltensweisen bei gewaltgefährdeten

Situationen und neuer Umgangsformen mit sich selbst und der Partnerin, im Erlernen, inneren Erlebnissen Ausdruck zu geben, und in der Arbeit an einer positiven Vision (siehe nächster Abschnitt).

Sobald der Mann selbst die Mechanismen durchschaut, die bei ihm ineinandergreifen, also nach einem individuellen Zeitraum, nimmt er an einer Trainingsgruppe teil. In jeder der Gruppensitzungen wird ein bestimmtes, von uns vorgegebenes Thema behandelt. Themen sind unter anderen Schuld/Verantwortung, Sexualität, Aggressionen, Nähe/Distanz, Gewaltkreislauf, streiten lernen. Die Gruppenleiter arbeiten dazu mit bestimmten Übungen.

Einzelsitzungen können mehrmals wöchentlich oder auch nur ein-, zweimal im Monat beansprucht werden. Wir bemühen uns darum, daß die Einzelberatungen mindestens einmal wöchentlich stattfinden, weil sich eine Zeitspanne von mehr als sieben bis neun Tagen zwischen den Beratungen nicht bewährt hat. Als wir infolge der geringen personellen und finanziellen Ausstattung unserer Beratungsstelle genötigt waren, Termine in dreiwöchigen Abständen zu vergeben, hatte das verheerende Konsequenzen. Sowohl die Gewalttätigkeit als auch die Abbruchquote nahmen sprunghaft zu. Wenn wir aber in der Lage sind, wöchentliche Beratungen einzuhalten, ist ein Mann schon nach kurzer Zeit nicht mehr gewalttätig. Diese Erfahrung motiviert. Wenn er aufgrund der langen Beratungspausen jedoch wieder Gewalt ausübt, erlebt er einen Einbruch und sieht keinen Sinn mehr darin zu kommen. Sobald der Erfolg wegfällt, bleibt nur noch die unangenehme Seite der Auseinandersetzung mit der Gewalt übrig – und, um ein vergleichbares Beispiel zu nennen, wer geht schon freiwillig zum Zahnarzt, wenn es anscheinend doch nichts hilft. Die Männer verlangen von der Beratung, daß sie etwas bringt, am besten mit sofortiger Wirkung. Sonst »funktioniert« sie nicht.

Die sich den Einzelsitzungen anschließenden oder fallweise parallel verlaufenden Gruppensitzungen werden regelmäßig einmal in der Woche abgehalten und dauern zwei bis drei Stunden.

Die Einzelberatungen führen professionelle Gewaltberater und -therapeuten durch, die Gruppensitzungen werden auch von Laienberatern betreut. Letztere sind zum Teil ehemals gewalttätige Männer. Wenn ein Ex-Betroffener einen gewalttätigen Mann in der Gruppe konfrontiert, hat das eine ganz besondere Qualität. Weil »Ehemalige« ihre Situation am besten kennen, werden sie als Gruppenleiter von den ratsuchenden Männern auch akzeptiert (siehe Fallbeispiel). Wir stellen allerdings hohe Anforderungen an die Gruppenleiter. Sie müssen solche Gruppen selbst mehrmals durchlaufen haben und therapeutisch etwas für sich tun. Darüber hinaus nehmen sie an Supervisionen von Gruppenleitertreffen teil. Die Trainingsgruppen stellen einen wichtigen Bestandteil der Gewaltarbeit dar. Alle Berater arbeiten sehr eng zusammen, damit durch genügend Austausch und schnelle Rückkopplung in krisenhaften und damit potentiell gewalttätigen Phasen und Situationen rechtzeitig eingegriffen werden kann.

»Time-out-Technik« und »positive Vision«

Ein Angebot unserer Arbeit ist die sogenannte Time-out-Technik. Jedem Mann wird nach relativ kurzer Beratungszeit klar, daß die Gewalt nicht über ihn kommt, wie er eingangs meinte, sondern daß es einen Punkt gibt, an dem er sich für oder gegen die Gewalt entscheiden kann. Spätestens an diesem Punkt muß der Mann sich selbst, oder auch der Frau, in Zukunft sagen: »Normalerweise würde ich jetzt zuschlagen«, und den Konflikt daraufhin abbrechen. Der Mann erinnert sich in dem Moment daran, daß er keine Gewalt mehr anwenden will.

Diese Time-out-Technik ist eigentlich etwas sehr Schlichtes. Sie zählt zu den Erste-Hilfe-Verhaltensregeln. Auch hier stellen wir mit dem Mann die bewährte »Gewinn-Verlust-Rechnung« auf. Dadurch wird ihm bewußt, was er durch die neue Verhaltensweise gewinnt. Einsicht in die Vermeidung allein reicht normalerweise nicht zur Veränderung. Der Mann erhält Selbstbewußtsein, er bleibt »Herr seiner selbst«, er verliert nicht die Kontrolle, er hat kein Blackout, sondern behält die Entscheidungs- und Handlungsautonomie. Außerdem bedeutet der Abbruch des Konflikts im Gegensatz zur Gewalthandlung keinen Verlust. Der Partnerin gegenüber gewinnt er an Vertrauen, weil er sich wirklich im Verhalten ändert, nicht nur leere Versprechen gibt.

Unser Ziel am Anfang der Beratung ist, mit dem Mann herauszufinden, wann dieser Entscheidungspunkt gegeben ist. Das Erklärungsmuster des Mannes für seine Gewalt wird sofort ersetzt durch unser Argument der Autonomie. Der Mann erkennt, daß er der Situation nicht ausgeliefert, sondern dafür verantwortlich ist. Das wird von den Männern einerseits als bedrohlich empfunden. Deshalb bemühen sie sich, ihre Taten zu bagatellisieren. Andererseits sehen sie erstmals die Chance, ihr Verhalten selbst zu beeinflussen, sie erleben ein subjektives Gefühl von Autonomie.

Des weiteren untersuchen wir, warum Männer Konfliktsituationen nicht abbrechen, selbst wenn sie deren Destruktivität erkennen. Die Antwort lautet überwiegend: »Weil es feige ist auszuweichen«. Wenn sie sich also der Time-out-Technik entsprechend verhalten und die Situation beenden, handeln sie falsch im Sinne des allgemeinen Leitspruchs, der oft nicht reflektiert wird und gerade deshalb so wirkungsvoll ist. An dieser Stelle nehmen wir eine Umwertung vor, indem wir als Männer bewußtmachen, daß es keineswegs männlich oder mutig ist, in einem gewalttätigen Konflikt zu verharren, sondern verantwortungslos. Verantwortungsvolles Handeln bedeutet dagegen, den Konflikt zu meiden, sobald Gewalt droht. Für Männer wiegt der Vorwurf der Verantwortungslosigkeit schwer, da sie den Anspruch an sich haben, verantwortungsbewußt zu handeln. Auf diese Weise ersetzen wir eine traditionelle, destruktive Männernorm durch eine andere, die keinen »neuen« Mann verlangt, sondern an das bestehende Männerbild anknüpft, indem sie dessen positive Teile herausstellt. Dadurch bewirken wir relativ leicht eine Veränderung im Bewußtsein und Verhalten der Männer.

Der Umgang mit Verantwortung schließt an das Prinzip der »positiven Vision« an. Niemand wird sich dahin bewegen wollen, wo es ihm schlechter geht als vorher. Verantwortung für sich selbst zu übernehmen, stellt eine positive Vision dar, die wohltuend und mobilisierend wirkt. Würden wir in der Beratung damit anfangen, die letzte Gewalttat zu rekonstruieren, liefe eine Fehleranalyse ab. Zwar erwarten das die meisten Männer, trotzdem ist sie unsinnig und im Anfangsstadium höchst demotivierend. Unsinnig wäre dieses Vorgehen nicht zuletzt deshalb, weil keine Situation zweimal auftritt und der Mann sie jeweils anders handhaben muß. Demotivierend wäre es, weil dem Mann nochmals vorgehalten würde, was er alles falsch gemacht hat. Ziel wäre dann wieder nur die Vermeidung, statt auf etwas hinzuarbeiten. An Stelle der Negation und Abgrenzung bieten wir die Orientierung in Richtung auf Verantwortung und Selbständigkeit. Es gilt herauszufinden, was der Mann im positiven Sinne tun kann und wohin ihn seine Vision führt.

Anti-Programme setzen demgegenüber nur die übliche Abgrenzungssozialisation fort und verstärken das Gefühl des Versagens. Bei »antisexistischer« Jungenarbeit beispielsweise wird bloß klar, *wogegen* gearbeitet wird, offen bleibt, *wofür* oder woraufhin. Anti-Programme werden immer wieder fehlinterpretiert als Erziehungs- respektive Umerziehungsprogramme, obwohl sie nur gegen etwas arbeiten, statt auf etwas hin. Aber niemand gibt etwas auf, wenn er anschließend mit leeren Händen dasteht. Ein wenig motivierendes Verfahren.

Jungensozialisation und unsere Jungenarbeit

Seit Gründung unserer Beratungsstelle erhalten wir Anfragen zahlreicher Institutitionen und Einzelpersonen, ob wir auch mit Jungen arbeiten.

Zu uns kommen keine »auffälligen« Jungen. Sie unterscheiden

sich in nichts anderem von ihren Geschlechts- und Altersgenossen als in ihrer Gewalttätigkeit und darin, daß sie anfangen, unter den Folgen ihrer Gewalttätigkeit zu leiden. Jungen und junge Männer sind, das belegt auch die Kriminalstatistik, verstärkt außerhalb der Familie und gegen Sachen gewalttätig.

Unsere prinzipielle Herangehensweise in der Jungenarbeit unterscheidet sich nicht von der Arbeit mit Männern. Methoden und Themen sind natürlich dem Alter angemessen. Probleme mit der Männerrolle in der Gesellschaft oder mit der Sexualität haben für Männer eine andere Dimension als für Jungen. In beiden Fällen kommt es aber darauf an, aus der Perspektive des anderen etwas zu verstehen und ganz dicht an den Problemen des Jungen (oder des Mannes) zu bleiben. Je wörtlicher man ihn nimmt, desto besser erreicht man ihn. Deshalb nennen wir unsere Arbeit mit Jungen ausdrücklich »verstehende Jungenarbeit«. Immer wieder wird ein Rezept oder eine Gebrauchsanleitung wie für einen Kühlschrank erwartet. Einmal sind wir allen Ernstes gefragt worden, ob es »unsere Methode auch auf Diskette gibt«.

Jungenarbeit ist keine Frage der Methodik, sondern der Haltung. Haltung setzt ein hohes Maß an Selbsterfahrung voraus. Der Berater muß einen guten Kontakt zu dem Jungen in sich selbst haben. Diese Nähe ist bei den meisten Männern verschüttet. Das macht es ihnen auch so schwer, sich auf die Jungenwelt einzulassen. Statt dessen versuchen sie, den Jungen auf ihre scheinbar realistischere Erwachsenenwelt einzustimmen. Ihr eigenes Junge-Sein ist Männern normalerweise verlorengegangen, weil sie als Junge bereits ein Mann sein wollten. Sie lebten als Junge in der Phantasie des werdenden Mannes und weniger in der Gegenwart des Jungen. Der Berater muß also den Kontakt zu seinem »inneren Jungen« über Selbsterfahrung wiederfinden, ihn aus dem Hintergrund hervorholen und in den Vordergrund stellen, dem ratsuchenden Jungen als biographischer Junge begegnen. Damit stellt der Berater eine Beziehung unter Gleichen her. Die beiden Jungen treten miteinander in Verbindung. Der Junge sieht einen erwachsenen Mann, der Orientierung bietet, und wird zugleich als Junge angesprochen. Darin besteht die entscheidende Fähigkeit des Beraters, der andersartige Umgang in der Jungenarbeit.

Im allgemeinen interpretieren Männer die Äußerungen von Jungen aus der Sicht des Erwachsenen. Das merken die Jungen natürlich. Darüber hinaus herrscht zwischen Jungen und Männern oft Rivalität. Die grundsätzlichen Themen unter Jungen sind heute aber ähnliche wie früher. Diese Übereinstimmung ermöglicht einem Mann einen Zugang zu einem Jungen. Da der Berater stets beides, biographischer Junge und erwachsener Mann ist, kann er als Erwachsener sprachlich fassen, was er selbst als Junge erlebt hat oder was der Junge vielleicht nur indirekt ausdrückt. Darin kann der Junge sich wiederfinden, und es entsteht eine Atmosphäre von Solidarität. Zudem kann der Berater den Jungen entlasten, indem er Themen anspricht, die eigentlich tabu sind. Wenn der Berater dem Jungen deutlich macht, daß er als Junge und noch heute als Mann Angst kennt und nur ungern darüber redet, bricht für den Jungen zwar eine Welt zusammen (Männer haben keine Angst), aber gleichzeitig ist er von einem ungeheuren Druck befreit. Wenn sich der Berater durchschaubar macht, öffnet sich auch der Junge.

Jungensozialisation ist durch Orientierungslosigkeit in der Geschlechtsidentität gekennzeichnet, weil den Jungen auf der emotionalen Beziehungsebene allzuoft eine Vaterfigur zur Identifikation fehlt. Identität entsteht durch Identifikation. Ein Junge, der sich nur mit Rambo oder He-man identifiziert, kann schwerlich eine realitätsangemessene Identität ausbilden. Jungenarbeit versucht die üblichen Identifikationsvorbilder dadurch zu ersetzen, daß wir Berater nicht als wohlmeinende Pädagogen auftreten, sondern als Männer, die für den Jungen – auch in ihren Begrenzungen – greifbar sind. Supermänner hat ein Junge zur Genüge. Was er braucht, ist ein konkreter Mann, den er erlebt, dessen Vor- und Nachteile er beobachten kann, der ihm eine Reibefläche bietet. Sowohl in der Arbeit mit Männern als auch mit Jungen wollen wir ein Bewußtsein dafür schaffen, daß das Gefängnis »Mann-Sein« beziehungsweise »Junge-Sein« heißt. Indem wir es thematisieren, gewinnen wir die Möglichkeit, es zu erweitern.

Die Einfühlung in den Jungen, die als Empathie bezeichnet wird, reicht aber für unsere Arbeit nicht aus. Wir haben es mit einem Jungen zu tun, der Täter ist, selbst wenn wir wissen, daß er einen »Opferanteil« in sich trägt. Die Beziehungsaussage seiner Gewalttat nehmen wir wörtlich. Wir nehmen ihn als Gewalttäter ernst, so wie wir auch einem Mann als Täter begegnen. Wir machen dem Jungen klar, daß er das, was er tut, selbst verantwortet. Ein Junge, der zum Beispiel in einem Kindertagesheim an anderen Kindern gewaltsam sexuelle Experimente durchführt, ist Täter und will als Täter respektiert werden. Darauf hat er ein Anrecht. Diese Konfrontation ist für unsere Jungenarbeit unabdingbar. Sie ist das Gegenteil von Repression, Ignoranz oder Abwertung, womit normalerweise auf – gewalttätige – Jungen reagiert wird. Der Berater eröffnet dem Jungen eine haltgebende Orientierung, indem er ihm ein Ziel aufzeigt, ihm Antworten liefert und ihm auch Grenzen setzt.

Die Orientierungslosigkeit von Jungen hat ihre Ursache nicht allein in den mangelnden Identifikationsmöglichkeiten, sondern auch im Fehlen von klaren Grenzen, die nicht wie Gummiwände nachgeben. Unsere Antworten markieren eine Grenze, die *nicht* beseitigt werden kann.

Relativ früh erfahren Jungen, daß eine Möglichkeit, wahrgenommen zu werden, für sie darin besteht, Randale zu machen. Ansonsten bekommen Jungen oft keine Rückmeldungen von außen, die für sie jedoch lebenswichtig sind. Wenn ein Junge dem Lehrer beispielsweise sagt: »Hören Sie mir doch einmal zu!«, geschieht nichts. Wenn ein Junge dem Lehrer gegen das Schienbein tritt, passiert garantiert etwas. Damit findet eine verläßliche »Belohnung« von Gewalt und »auffälligem« Verhalten statt. Denn auch Restriktionen sind für Jungen eine, wenn auch so nicht gewünschte, Art von Aufmerksamkeit.

Das Nachgeben der Grenzen ist ein Aspekt üblicher Jungensozialisation. Ein anderes wesentliches Moment stellt die Unsicherheit in der Sexualität und die große Furcht vor Homosexualität dar. »Schwul« zählt zum schlimmsten und deshalb geläufigsten Schimpfwort unter Jungen, weil ein Junge damit in seiner Geschlechtsidentität in Frage gestellt wird. Wenn ein Junge in körperlichen Kontakt mit einem anderen Jungen oder Mann gerät, kann das leicht eine sexuelle Irritation, eine innerliche Verunsicherung über das eigene Sexualempfinden auslösen. Für einen erwachsenen Mann, zumal für einen Familienvater, ist eine solche Situation relativ abgesichert. Aber ein Junge fühlt sich bedroht von der Vorstellung, möglicherweise homosexuell zu sein. Dann nämlich wäre er erstens kein »richtiger« Junge und zweitens sähe man ihn als unmännlich, krankhaft, pervers an. Noch heute wird Homosexualität mitunter als Krankheit verkannt.

Die Irritation und Bedrohung wird von Jungen deshalb so stark erlebt, weil ihnen ihr eigenes Innenleben fremd ist. Vielleicht strahlt der Junge etwas aus, was in ihm steckt und wovon er selbst noch nichts weiß. Für den Jungen – wie für den Mann – ist seine Gefühlswelt ein »Buch mit sieben Siegeln«. Jungensozialisation ist eine systematische Desensibilisierung, die mit der Ignoranz von Gefühlen, die als Schwäche gelten, und dem Verlust der Fähigkeit, sich selbst wahrzunehmen, einhergeht. Diese Doppelfalle zwingt Jungen dazu, nach außen zu demonstrieren, daß sie unter keinen Umständen schwul sind.

Jungenarbeit funktioniert nicht ohne die Thematisierung von Homophobie, weil sie *der* Anknüpfungspunkt bei älteren Jungen ist. Gerade zu Jungen, die sich in der Pubertät oder Präpubertät befinden, gewinnt man über dieses Thema unmittelbaren Zugang.

Das Lebensgefühl von Jungen lautet: »Ich bin ein Nichts, denn ich kann nicht sagen, was ich bin«. Was ein Junge ist und was ihn vom Mann unterscheidet, kann kein Junge beantworten. Dagegen ist sich jeder Junge sicher zu wissen, wie ein »richtiger« Mann zu sein hat. Der Begriff »Junge« beleidigt einen Zehn- oder Elfjährigen, weil er für Kind-Sein, Noch-nicht-Mann-Sein steht.

Wenn er aber »kleiner Mann« gerufen wird, fühlt er sich gelobt und aufgewertet. Aus dem Vakuum, nicht zu wissen, was einen Jungen als Jungen auszeichnet, versucht sich der Junge zu befreien. Er will so schnell wie möglich und unter allen Umständen ein Mann werden. Männlichkeit muß erkämpft werden, die bekommt ein Junge nicht geschenkt. Er muß sich und der Umwelt immer wieder beweisen, ein Mann zu sein.

Eine Möglichkeit, sich in diesem Vakuum zu bewegen, besteht unter Gleichaltrigen in »Ritualisierungen« und im »strategischen Verhalten« (Begriffe aus der Jungenforschung). Das Gebaren von Jungen zielt einerseits darauf ab, auf die anderen sicher zu wirken, andererseits Kontakt zu ihnen herzustellen. Verhaltensweisen wie Rangeln und Raufen sind unter Jungen meist harmlos und ungefährlich. Sie stellen eine differenzierte Art dar, sich einander anzunähern, ohne als schwul zu gelten. Wenn ein Junge mit einem Mädchen in Kontakt kommen will, greift er auf dasselbe Verhaltensrepertoire zurück. Aber Mädchen verstehen das Rangeln nicht als eine Form der Kontaktaufnahme. Im Gegenteil. Auch Erwachsene berücksichtigen nicht die Gefühls- und Verhaltenswelt von Jungen, sondern unterstellen ihnen Bosheit und Verletzungsabsichten. Der Junge kann nicht begreifen, warum sein Benehmen, das er bis dahin selbstverständlich genutzt hat, in bezug auf Mädchen »böse« sein soll. Und keiner erklärt es ihm.

Jungengruppen

»Ritualisierung« und »strategisches Verhalten« wenden Jungen in einer Gruppe an, sie bestimmen die Gruppendynamik unter Jungen. Im Einzelgespräch kommen derartige Strukturen kaum zum Tragen. So kann es geschehen, daß ein Junge seinen Berater vor einem anderen Jungen schlecht oder lächerlich macht, obwohl er sich kurz vorher dem Berater gegenüber geöffnet hat. Er versucht, in den Augen des anderen nicht als Schwächling dazustehen. Aufgrund dieser Verhaltensmodi arbeiten wir erst nach längerer Zeit mit Jungen in Gruppen. Die Gruppen sind bei gewalttätigen Jungen nur mit einer geringen Anzahl von Teilnehmern und mindestens zwei Anleitern besetzt. In den ersten Sitzungsstunden geht es nur darum herauszustellen, was die Jungen aktuell beschäftigt. Das ist ein emotionaler Hochofen und sehr anstrengend für alle Beteiligten, erfordert es doch sowohl von den Anleitern als auch von den Jungen eine permanente Aufmerksamkeit. Erst nach Offenlegung dieser Verhaltensmuster entsteht Platz für Neues. Dann entwickelt sich eine ähnliche Solidarität wie unter Männern. Die Jungen lernen, sich gegenseitig zu stützen, entwickeln Zusammenhalt und Wir-Gefühl. Die anfängliche wechselseitige Abwertung hat ein Ende gefunden. Wenn wir mit Jungen oder Männern arbeiten, kommt es unter ihnen zu einer Nähe, die sie vorher nicht kannten. Wenn diese Gruppenarbeit über einen längeren Zeitraum angelegt ist, freunden sich die Teilnehmer oft an. Wirkliche Freundschaft unter Männern, nicht Kameradschaft oder Kumpanei, besitzt eine ganz eigene und tiefe Qualität. Kameradschaft lernt ein Mann üblicherweise beim Militär kennen angesichts einer massiven äußeren Bedrohung, wie zum Beispiel im Krieg. Männer erleben Gemeinschaft mit anderen Männern, Schwächen, Sehnsüchte, Verzweiflung, die sie gemeinsam durchzustehen versuchen. Diese Form von Nähe kann im zivilen »Leben danach« in der Regel nicht mehr fortgeführt werden. Kameradschaft gelingt nur unter der Bedingung der Außenbedrohung. In solchen Situationen werden nicht nur die Fassade von Stärke, sondern auch Gefühle von Angst und Schwäche offenbar. Das schafft Nähe und Geborgenheit, die Männer sonst nie untereinander erleben. Nichts anderes machen Hooligans, Skins und andere. Aus diesem Grund werden Kameradschafts- und Veteranentreffen organisiert. Nicht die Ideologie steht an erster Stelle, sondern die Erinnerung an gemeinsame Erlebnisse und Krisensituationen und an die Geborgenheit und den Schutz in der Gruppe. Für Männer muß dieser Druck lebensbedrohlich sein, erst dann kann Gemeinschaft unter Männern empfunden werden.

Die Möglichkeit, über unsere Arbeit unter ganz anderen Vorzeichen mit Männern Gemeinschaft aufzubauen, ist für die meisten Männer etwas Neues.

Probleme der Paarberatung

Unsere Erfahrung nach einem zweijährigen Forschungsprojekt läßt uns an dem Sinn von Paarberatung bei Gewaltbeziehungen sehr zweifeln. Unsere Arbeit zeichnet sich vor allem durch Parteilichkeit aus – wir ergreifen Partei für den Mann. Auch für den, der gewalttätig ist, nicht erst, wenn er der Gewalt abgeschworen hat. Das allein schließt schon eine Familien- oder Paarberatung aus. Würde man mit Tätern und Opfern gleichzeitig arbeiten, müßte man wegen der notwendigen Parteilichkeit einen von beiden verraten. Parteilichkeit ist aber unser Zugang zu gewalttätigen Männern. Am Anfang einer Paarberatung steht im Gegensatz dazu die Einfühlung in das weibliche Opfer. Die Frau braucht Raum, damit sie erkennen kann, daß es schlimm ist, was ihr angetan wurde, und daß sie nicht dazu verdammt ist, alles über sich ergehen zu lassen. Der Mann hingegen muß gerade zu Beginn damit konfrontiert werden, was er anrichtet. Seine Kinder und seine Frau halten nicht ohne Grund Abstand von ihm, seine Gewalt ist für sie wirklich verheerend. An diesem Punkt setzen wir in der Beratung Aggressionen und starke Konfrontationen ein. Diese wecken bei der Frau Gewalterinnerungen, so daß sie nahezu reflexartig aus Angst versucht, diesen Prozeß zu bremsen und alle Ausführungen zu beschwichtigen. Dadurch ist eine Konfrontation des Mannes in dem Maße, wie sie notwendig wäre, nicht mehr möglich.

Paarberatung glückt im Falle gewalttätiger Beziehungen nicht. Die beschriebene Dynamik wird gemeinhin unterschätzt. Ein weiterer Hinderungsgrund ist: Der Leidensdruck in einer Gewaltbeziehung liegt zunächst ausschließlich bei der Frau. Infolgedessen geht auch der Handlungsdruck von ihr aus. Die Frau wünscht sich, daß sich etwas ändert, ohne daß die Beziehung aufgegeben werden muß. Eine Paarberatung aufzusuchen, heißt, etwas zu verändern in der Hoffnung auf eine Fortsetzung der Partnerschaft. Für den Mann gibt es vorläufig keinen Grund, sich einer Beratung oder Therapie zu unterziehen. Er ist, ganz im Gegenteil, durch die Gewalt erstmal entlastet. Da die Beziehung außerdem weiterbesteht, die Funktion der Partnerschaft erfüllt ist, sieht der Mann sich nicht veranlaßt, Rat einzuholen. Ein sekundärer Leidensdruck wächst in dem Mann erst, wenn die Frau sich innerlich abwendet oder sich möglicherweise trennen will oder damit droht. In dieser Phase läßt er sich eventuell auf eine Beratung ein. Dann aber ist es meist schon zu spät, und die Paarberatung gerät zu einer Trennungsberatung, bei der dem Mann behutsam nahegebracht wird, daß sich die Frau innerlich längst von ihm gelöst hat. Der Mann hofft, die Partnerschaft noch retten zu können, die Frau hingegen wünscht nur noch, ungefährdet davonzukommen. Diese Ungleichzeitigkeit beruht also darauf, daß die Frau einen primären, der Mann erst sekundär einen Leidensdruck empfindet.

Darüber hinaus findet in Paarberatungen häufig eine wechselseitige Bewertung von »gut« und »böse« statt, weil bei der Beratung die gewalterleidende Frau sozusagen moralisch im Vorteil ist.

Männer können außerdem gegenüber männlichen Beratern Dinge aussprechen, die in Anwesenheit einer Frau, gleich, ob seiner eigenen oder einer Beraterin, ausgeschlossen wären. Da es Männern ohnehin sehr schwerfällt, sich etwas sagen zu lassen und über sich zu sprechen, ist es ihnen im Beisein ihrer Frau und einer Beraterin geradezu unmöglich. In einem solchen Moment versucht der Klient nur, sein Gesicht nicht zu verlieren. Unter diesen Bedingungen führt eine Konfrontation zu einer Eskalation, statt zu einer Annäherung und Bewußtseinsänderung. Im besten Fall wird dem »unfähigen« Therapeuten die Schuld zugewiesen, im schlechtesten Fall muß die Frau »es ausbaden«. Sie erleidet erneut Gewalt.

Unsere Öffentlichkeitsarbeit

Öffentlichkeitsarbeit betreiben wir offensiv durch Bahn-Plakate, Vorträge, Talk-Shows und Zeitungsartikel. Die Arbeit in der Öffentlichkeit bestand zunächst darin, unsere Beratungsstelle überhaupt bekanntzumachen und zu erläutern, wozu die Arbeit gut ist. Da es unter Männern kaum Kontakte gibt, bei denen persönliche Belange ausgetauscht werden, werden wir auch nicht durch Mundpropaganda weiterempfohlen. Undenkbar, daß ein Mann einem anderen erzählt: »Ich bin bei ›Männer gegen Männer-Gewalt‹ gewesen, das hat mir geholfen. Du schlägst doch auch deine Frau. Versuch es einmal dort.«

In Hamburg sind wir inzwischen vielen ein Begriff, trotzdem wird Öffentlichkeitsarbeit immer einen notwendigen Teil unserer Tätigkeit ausmachen.

Unsere Aus- und Fortbildung

Neben der Einzel- und Gruppenberatung für gewalttätige Männer veranstalten wir Aus- und Fortbildungen für Interessierte. Zu diesem Zweck haben wir 1992 das »Institut for Male« gegründet, das eine berufsbegleitende Ausbildung für Männer im psychosozialen Bereich und Einzelseminare für gemischte Gruppen anbietet. Der berufsbegleitende Ausbildungsgang für Männer, der Gewaltberatung/Männerarbeit und Gewaltpädagogik/Jungenarbeit umfaßt, dauert zweieinhalb Jahre.

Tagesveranstaltungen und Wochenseminare führen wir institutionsintern durch. Beispiele unseres Themenangebots sind Gewalt und Männlichkeit, Umgang mit schwierigen und rechtsradikalen Jugendlichen, sexuelle Gewalt, Kommunikation zwischen Männern und Frauen, Deeskalation von Konflikten, Supervision.

Außer den genannten Fortbildungsgängen bieten wir Seminare für Wirtschaftsunternehmen an. In ihnen behandeln wir

Konfliktmanagement und Coaching für Führungskräfte, Strukturanalyse und Optimierung des persönlichen Arbeits- und Führungsstils, Kommunikation und Deeskalation von Konflikten.

VI
Fallbeispiele

Gerd

Gerd war 28 Jahre alt, als er zum ersten Mal in die Beratung kam. Als Tischler arbeitete er lange Zeit im Messebau auf Montage. Oftmals mußte er bei Messen in ganz Deutschland durcharbeiten, bis der Stand zur Eröffnung fertiggestellt war. Dazwischen gab es in der kleinen Firma, bei der Gerd angestellt war, ruhigere Zeiten, die aber von dem Warten auf und der Sorge um den nächsten Auftrag bestimmt waren. Immer wieder mußten Männer entlassen werden. Gerd war also in seinem Beruf einerseits völligem Leerlauf, der den Verlust des Arbeitsplatzes bedeuten konnte, und andererseits extremer Arbeitsbelastung und Überanstrengung ausgesetzt. Wenn einer der Mitarbeiter nicht bereit war, gegebenenfalls sofort einzuspringen, stand fest, daß er in der nächsten Notsituation entlassen wurde. Ein uneingeschränktes Engagement war der einzige Schutz davor, nicht der Nächste zu sein, der seinen Arbeitsplatz verliert.

Gerd ist ein sehr sympathischer Mann, jovial und überaus charmant. Er kann wunderbar mit Menschen umgehen und ihnen auf nette Art und Weise sagen, wenn er etwas nicht in Ordnung findet oder daß er jemanden nicht mag. Gerd legt es nie auf eine Konfrontation an, versteht es aber trotzdem, sich eindeutig durchzusetzen. Dieses Verhalten ist ehrlich und intuitiv – und nicht etwa gespielt. Wenn Gerd von etwas begeistert ist, setzt er sich vollkommen dafür ein und fragt nicht, welche Vorteile es für ihn hat.

Gerd ist also ein Mann von hoher Attraktivität, Freundlichkeit und Durchsetzungsfähigkeit, dem ein Außenstehender keine Gewalttätigkeit zutraut. Selbst Therapeuten oder Berater, die mit Gewalttätern arbeiten, waren überrascht als sie erfuhren, daß Gerd seine Freundin schlägt.

Gerd kam zu uns, weil er seine Partnerin, mit der er schon über zehn Jahre zusammen ist, seit Jahren schlug. Der akute Anlaß für die Beratung bestand darin, daß Gerd seine Freundin während der Schwangerschaft mißhandelt hatte. Er hat sie in den Bauch getreten. Daß er dazu fähig war, hätte er niemals von sich gedacht. Er war entsetzt und über sich selbst schockiert.

Gerd verurteilt allgemein das Schlagen. Immer wieder versprach er seiner Freundin, es nicht noch einmal zu tun; immer wieder suchte er Begründungen für seine Gewalttätigkeit. Zum Beispiel sei die Arbeit augenblicklich besonders strapaziös, und weil der Streß für seine Gewalttätigkeit verantwortlich sei, würde er sich eine andere Arbeit suchen und damit den Grund seiner Gewalt aus der Welt schaffen. Oder er sah die Gewaltursache in einer finanziellen Misere, die ihn beunruhigte. Auch hier versprach er seiner Freundin, daß sich die Lage in Zukunft bessern werde und von daher keine Gewalt mehr vorkomme.

Gerds Erklärungsversuche waren also nach außen gerichtet, indem er die externen Umstände nach Gründen für seine Gewalt abklopfte. Seine Lösungsversuche gingen dementsprechend in dieselbe Richtung. Obwohl seine Gewalt schon massive Formen angenommen und sich über einen langen Zeitraum erstreckt hatte, nahm seine Partnerin diesen Zustand hin – in der Hoffnung, daß Gerd sein Versprechen eines Tages einlösen würde. Gerd, so äußerte sie sich, sei eigentlich lieb und nett, nur manchmal würde er »ausrasten«.

Bei diesem Mann waren die Gegensätze besonders ausgeprägt. Wegen seiner vielen positiven Eigenschaften war die Partnerin bereit, seine negative Seite in Kauf zu nehmen.

Direkt nach den Gewalttaten wurde zwar über die Gewalt gesprochen, aber anschließend schwieg das Paar darüber. Für kurze Zeit bemühte sich Gerd nach einem Gewaltausbruch sehr um seine Freundin, dann aber war das Thema sozusagen erledigt, und es wurden keine weiteren Anstrengungen unternommen. Die Partnerin sprach ebenfalls mit niemandem darüber, weil sie die Gewalt als Teil der Beziehung betrachtete, der nicht nach außen dringen durfte. Sie suchte keine Beratung oder Unterstützung.

Der Auslöser, um zu uns zu kommen, bestand für Gerd wie gesagt in seiner Gewalt gegenüber der Partnerin während der Schwangerschaft. Beide wollten ein Kind haben und freuten sich sehr darauf. Um das gemeinsame Sorgerecht zu bekommen, erwogen sie zu heiraten. Auf diesem Hintergrund wurde Gerd zum ersten Mal sehr deutlich, wie gefährlich seine Gewalt war. Es war nicht mehr »nur« ein Zuschlagen, sondern er hätte diesmal das Kind umbringen können. Gerd hatte Angst vor sich selbst bekommen. Auch für die Partnerin besaß diese Gewalthandlung eine neue »Qualität«. Es ging nicht mehr nur um *sie* respektive *ihre* Bedrohung und Verletzung. Erst jetzt wandte sich die Frau von Gerd ab aus Furcht davor, daß er ihr *und* dem Kind wieder etwas antun könnte.

Gerd nahm regelmäßig und zuverlässig an der Beratung teil. Mußte eine Gesprächsstunde ausfallen, sagte er immer rechtzeitig ab, so daß wir die zur Verfügung stehende Zeit anders nutzen konnten. Einige Männer bedenken nicht, daß ein Termin verlorengeht, wenn sie nicht kommen, ohne uns zu verständigen. Da Gerd sehr oft auf Montage unterwegs war, wünschte er sich, während seines Aufenthalts in Hamburg diese Pausen möglichst auszugleichen, indem er zweimal in der Woche zur Beratung kam. Gerd war also sehr motiviert, etwas für seine Partnerin und das Kind zu tun. Zunächst wollte er nur verhindern, daß die Partnerin sich von ihm trennen oder das Kind später geschädigt oder verängstigt sein könnte. Später erkannte er, daß die Beratung auch ihm zugute kam, denn wenn es um die Partnerschaft schlecht stand, ging es auch ihm nicht gut.

In der Beratung wurde Gerd darüber hinaus bewußt, wie sehr er seine liebenswürdige Art benutzte, um Auseinandersetzungen aus dem Weg zu gehen, wie sehr er durch schmeichelnde Worte und eine zuvorkommende Art versuchte, Konflikten auszuweichen. Was auf den ersten Blick wie Offenheit wirkte, stellte sich bei genauerem Hinsehen als Rückzug und Strategie zur Konfliktvermeidung heraus, wodurch die Partnerin mit den Problemen allein gelassen wurde. Zum Beispiel vermied Gerd eine Aussprache darüber, was nach der Geburt des Kindes aus der Berufstätigkeit der Frau werden sollte.

Für Gerd trat der erste und entscheidende Wendepunkt im Verständnis seiner Gewalt ein, als ihm bewußt wurde, daß *seine* Hand zuschlug, unabhängig davon, was die Partnerin tat. Wenn er über diesen Punkt sprach, schaute er seine Hand an – als Teil seiner selbst. Wegen der Lebendigkeit und Plastizität dieses Bildes war es sehr wirkungsvoll. Von dem Moment an hörte Gerd auf, seine Gewalttätigkeit durch Charme zu kaschieren oder von ihr auf das Verhalten seiner Partnerin abzulenken. Die Erkenntnis, daß *seine* Hand zuschlug, daß *er* gewalttätig wurde, unabhängig davon, was vorher geschehen war, weckte in ihm ein Verantwortungsgefühl für diese Handlung. Er verglich die Gewalttat mit seiner Arbeit, bei der er ebenfalls unter allen Umständen dafür verantwortlich ist, was seine Hände ausführen.

In jedem Beratungsprozeß mit einem gewalttätigen Mann gibt es schwierige Momente, in denen der Mann den Mut verliert und nicht mehr weitermachen will, weil er erkennt, was er alles zerstört hat, oder weil er zum ersten Mal Krisen in der Beziehung wahrnimmt. Für Gerd war die Erkenntnis, daß *seine* Hand zuschlug und er es verändern konnte und wollte, seine Stütze, die ihm über solche kritischen Phasen hinweghalf. Allerdings neigte er immer noch dazu, anderen – sei es der Partnerin oder den Gruppenteilnehmern – die Schuld zu geben. Das war das größte Problem. Durch sein gewinnendes, freundliches Wesen gelang es ihm immer wieder zu verwischen, selbst an Streitereien beteiligt zu sein. Gerd konnte anfangs nicht verstehen, mindestens zur Hälfte Teil einer Auseinandersetzung zu sein, auch wenn er lieb und nett ist. Seiner Auffassung nach lag ein Streit dann vor, wenn sich jemand laut oder aggressiv verhält. Weil er selbst nie laut oder aggressiv auftrat, schätzte er sich als friedliebenden Menschen ein. Daß aber nicht nur seine Gewalt, sondern auch das Gefühl, jemanden nicht ernst zu nehmen, weil man immerzu nett bleibt, diesem Selbstverständnis widerspricht, sah Gerd nicht ein. Ihm war nicht klar, daß auch sein Verhalten andere kleinmachen, verletzen und in Rage bringen konnte. Demzufolge verstand er sich lange Zeit nur als Opfer von Konflikten.

Er setzte diese Technik ein, ohne es zu merken. Die Einsicht in die Auswirkungen seiner Umgangsform erschütterte sein Selbstbild, führte aber schließlich dazu, daß er sich heute zum Teil aggressiver verhalten kann. Seine Aggressionen halfen Gerd, sich in Krisensituationen abzugrenzen und zurückzunehmen.

Wir erlebten mit, als das Kind zur Welt kam und wie Gerd sich als Vater und seinen Spaß am Kind entdeckte. Er war fasziniert davon, wie ein Kind offen und direkt mitteilt, was es braucht. Er profitierte davon, durch das Baby gefordert zu werden.

Gerd bewies in den Gruppensitzungen, wie leicht es ihm fällt, mit anderen Männern in Kontakt zu kommen und ihnen zuzuhören. Weil er bei »Männer gegen Männer-Gewalt« selbst Gruppen anleiten wollte, durchlief er mehrere Gruppen in unserer Beratungsstelle und begann mit einer Psychotherapie. Gerd leitete viele Gruppen auf vorbildliche Weise. Seine eigenen Gewalterfahrungen ermöglichten ihm einen optimalen Zugang zu den Männern. Gerd durchschaute die Ausreden und Vertuschungsmanöver der Männer schnell und konnte ihnen entsprechend begegnen (»Ich weiß, wovon du redest, ich habe es selbst erlebt, lüg dir nicht in die Tasche.«). Seine Gruppenleitung wurde von den Männern überaus positiv aufgenommen und sorgte für viel Veränderung.

Rainer

Rainer ist 53 Jahre alt, schlank, mittelgroß und recht attraktiv. Im Laufe der Jahre hat er sich zum Leiter der Vertriebsabteilung eines großen Elektronikkonzerns emporgearbeitet. Er bietet seiner Familie ein gutes Einkommen und besitzt ein ansehnliches Eigenheim.

Rainer ist verheiratet und Vater von zwei erwachsenen Kindern. Der 23jährige Sohn studierte zum Zeitpunkt der Beratung bereits und wohnte nicht mehr im Elternhaus, während die 18jährige Tochter noch die Schule besuchte. Auch bei ihr war abzusehen, daß sie nach dem Abitur ebenfalls aus dem Haus gehen wird. Hier zeichnete sich eine Veränderung in der Familienkonstellation ab.

Seit über zwanzig Jahren schlug Rainer seine Frau. Es kam etwa einmal im Monat zur Gewalt. Manchmal gab es mehrmonatige Pausen, dann aber häufte sich die Gewalt wieder. Rainer übte also seit langer Zeit regelmäßig Gewalt aus. Trotzdem lag keine Trennungsgefahr vor. Weder drohte die Ehefrau mit Scheidung, noch dachte Rainer daran, sich von ihr zu trennen. Das Ehepaar lebt noch heute zusammen.

Nach außen stellt Rainer einen angesehenen und erfolgreichen Mann dar. Seine Ehefrau ist ausschließlich Hausfrau. Das Eigenheim der Familie ist repräsentativ und sehr geschmackvoll eingerichtet. Nicht selten werden Geschäftsfreunde von Rainer eingeladen, die exquisit bewirtet und unterhalten werden. In der Familie findet eine genaue Aufteilung statt, wer für welchen Bereich zuständig ist.

Rainer kam zu uns, als sich die Familie im Umbruch befand und aus der vierköpfigen Familie wieder ein »nur«-Ehepaar wurde. Die Eltern verloren zusehends die Position als Eltern und mußten sich in der Rolle von Ehepartnern neu zurechtfinden. Unter diesen Bedingungen wurde die Gewalt für Rainer besonders augenfällig und drang verstärkt in sein Bewußtsein. Er fragte sich, was das eigentlich für eine Partnerschaft sei, in der er immer wieder seine Frau schlägt, und wie sie unter diesen Umständen ihren Lebensabend zusammen verbringen würden.

Angerufen hat Rainer bei uns nach einer erneuten Gewalttat. Er fragte nach Tips, wie er seine Gewalt in Zukunft vermeiden könne, weil er sie eigentlich ablehnt. Wir haben ihn daraufhin, wie üblich, zu einem Erstgespräch eingeladen.

Auf die Fragen des Beraters »Wie kommt es, daß Sie geschlagen haben?«, »Was ist wirklich – vorher – passiert?« konnte er nicht antworten. Er wußte es tatsächlich nicht. Manchmal gab es zwar Streit, aber in solchen Konfliktsituationen kam es nicht unbedingt zur Gewalt. Meistens wurde Rainer plötzlich gewalttätig. Warum er in diesen Momenten zuschlug und in anderen nicht, war ihm völlig rätselhaft. Rainer versuchte stets, Gründe für seine Gewaltausbrüche zu finden, und auch die Partnerin war um Erklärungen bemüht. Schließlich jedoch haben beide das Thema gemieden. Nach den Gewalthandlungen hat Rainer seine Frau meistens um Entschuldigung gebeten und sich ihr gegenüber besonders fürsorglich verhalten. In den Beratungsgesprächen kam eindeutig zum Ausdruck, daß er seine Partnerin wirklich liebt.

Rainer war davon überzeugt, daß ein Mann sich im Beruf mit allen Mitteln durchzusetzen hat. Anders hätte er selbst keine Karriere machen können. Bei der Arbeit müsse er Auseinandersetzungen eingehen, und er scheue sich nicht, notfalls knallharte Verhandlungen zu führen, wenn es um Preise und Kontingente geht. In seiner Firma genießt Rainer einen guten Ruf. Hier ist er niemals auffällig oder gar gewalttätig geworden.

An die Familie und das häusliche Zusammenleben stellte Rainer klare Ansprüche. Zu Hause hatte eine gediegene Atmosphäre und Friede zu herrschen, da sollte es ruhig und erholsam zugehen. Nur bei der Arbeit akzeptierte er Streß, Anstrengungen und Auseinandersetzungen, dort müsse er sich durchboxen, das gehöre sich so und dafür würde er auch bezahlt. Das traute Heim müsse demgegenüber angenehm und friedlich sein. Seine Ehefrau versuchte, diese Erwartungen weitestgehend zu erfüllen, indem sie eine schöne und liebevolle, eben häusliche Atmosphäre schuf, ein Stück heile Welt. Hier konnte sich Rainer, wenn er vom Arbeitsalltag nach Hause kam, fallenlassen und ausruhen. Das Zuhause stellte für ihn einen Schutzraum vor dem aufreibenden Außenleben dar, eine Art Burg (»My home is my castle«). Für Rainer war es jedesmal ein Schock, wenn es zu Hause Konflikte gab. Seine Frau war immerzu darum bemüht, solche Szenen zu vermeiden. Wenn es doch zu Streit und Spannungen kam, fühlte sie sich schuldig, weil sie sich vorwarf, ihre Aufgabe nicht erfüllt zu haben. Da aber zu jeder Partnerschaft Auseinandersetzungen gehören, konnten die Eheleute ihren Ansprüchen selbstverständlich nicht genügen.

Während der Beratungsgespräche mit Rainer ist deutlich geworden, daß er immer dann gefährdet war, gewalttätig zu werden, wenn er in seinen Erwartungen an das Heim enttäuscht war. Rainer mußte feststellen, daß er selbst nicht in der Lage war, die Friedlichkeit, die er sich wünschte und von der Familie forderte, zu schaffen.

Ich habe lange an seiner Einsicht gearbeitet, daß die Methoden, mit denen Rainer im Beruf Erfolg hat, im Arbeitsalltag und für Geschäfte durchaus angemessen sind. Zu Hause aber führten sie eher zur Eskalation von Konflikten als zu deren Beilegung. Striktes Fordern und Durchsetzen kann beruflich sinnvoll und notwendig sein, zu Hause half es Rainer wenig.

Bisher suchte Rainer seine Gewalt damit zu rechtfertigen, daß er die Familie zusammenhalte und für Recht und Ordnung sorgen wolle und müsse, damit nicht alles »drunter und drüber« gehe. Da sich die Kinder vom Elternhaus nunmehr lösten, hat sich seine Situation und Aufgabe jedoch grundsätzlich verändert. Rainer erlebte sich nun stark angewiesen auf die Partnerin, er merkte, wie abhängig er von der Ehe ist, die er durch seine Gewalt gefährdete, und wie einsam er dastünde, wenn diese Beziehung zerbrechen würde. Zugleich wurde ihm bewußt, daß in seinem Beruf ein weiterer Aufstieg in seinem Alter eher unwahrscheinlich ist. Hier hatte er nicht mehr viel zu erwarten.

In der Beratung fiel auf, wie sehr sich Rainer bemühte. Ihm lag sehr daran, wirklich zu verstehen, was ich als Berater meinte, »alles richtig zu machen« und mir in dem, wie er sich veränderte, zu gefallen. Das schien ein Wesenszug von ihm zu sein. Rainer versuchte, sich einzuordnen und dem, was wir erwarteten und vorschlugen, genau zu entsprechen. So bot er sich zum Beispiel an, für die Beratungsstelle Dinge zu erledigen oder uns in anderer Weise zu unterstützen.

»Alles richtig« beziehungsweise »es allen recht machen« zu wollen bestimmte auch von jeher sein Verhalten in der Ehe. Rainer wünschte, ein idealer Partner, ein perfekter Ehemann zu sein. Da sich dieses Verhaltensmuster offenbar durch alle Lebensbereiche von Rainer zog und in der Beratung wiederholte, konnte ich über sein Verhalten in einem Zusammenhang reden, der direkt vorlag, und brauchte nicht auf etwas Entferntes, an einem anderen Ort Stattfindendes, zurückzugreifen.

In der Ehe hatte seine Erwartungshaltung zur Konsequenz, daß er seine ganze Kraft dafür einsetzte, einen Idealzustand zu realisieren. Nicht nur im Beruf sollte alles so klappen, wie man es von ihm und er von sich selbst erwartete, auch zu Hause sollte alles stimmen. Der Druck, unter dem Rainer tagsüber stand, wurde somit am Feierabend fortgesetzt. Dadurch entstand eine doppelt belastende Lebenssituation, die Rainer überforderte. Der tiefere Anlaß seiner Gewalt lautete demzufolge: »Jetzt reicht es mir endgültig, ich mache euch alles recht, und ihr seid immer noch nicht zufrieden«.

Rainer waren diese Vorgänge nicht bewußt. Ihm fiel es schwer, darauf zu achten, wie es ihm geht und was für ihn das Beste ist – unabhängig davon, was die anderen um ihn herum wollen, fühlen oder denken. Bei den Gruppensitzungen wurde er beispielsweise mit Absicht gefragt, ob und wann er eine Pause wünscht, um seine Bedürfnisse wahrnehmen zu lernen. In solchen Situationen kam eine grundsätzliche Diskrepanz bei Rainer zum Ausdruck: Einerseits war er sehr durchsetzungsstark, andererseits halfen sein Wille und seine Entscheidungskraft nicht weiter, sobald es sich um persönliche Befindlichkeiten oder gar »Schwächen« handelte (beispielsweise eine Pause »nötig« zu haben), weil er seine eigene Verfassung immer ausgeblendet hat. Er stellte das Stereotyp eines Mannes dar, der scheinbar nichts braucht.

In der Beratung kam relativ spät zur Sprache, daß Rainer diesem Idealbild anhing. Als er älter wurde und merkte, daß er diese

Lebensform nicht mehr durchhält, konnte er seine Vorstellung vom Mann-Sein in Frage stellen. Ihm wurde bewußt, welchem Alpdruck er sich ausgesetzt, welche Überforderung diese Lebensführung für ihn bedeutet hatte. Nun erkannte er auch, daß diese Belastung letztlich nichts mit seinem Alter, sondern mit seinen Erwartungen zu tun hatte, und daß es nicht sinnvoll war, auf diese Art weiterzuleben.

Rainer erwarb im Verlauf der Beratung mehr Gelassenheit, die ihm heute einen größeren Lebensspielraum zubilligt. Er ist nach über einem Jahr Einzel- und Gruppensitzungen heute nicht mehr gefährdet, wieder gewalttätig zu werden.

Klaus

Klaus ist Mitte Dreißig, von Beruf Koch und zur Zeit fest angestellt. Für das Erstgespräch in unserer Beratungsstelle ließ er sich telefonisch einen Termin geben.

Bei der ersten Beratungsstunde von Klaus habe ich sofort gemerkt, daß er sehr nervös und diffus war. Erst kam er kaum mit der Sprache heraus, dann redete er wie ein Wasserfall. Außerdem korrigierte er sich unentwegt selbst. Er versuchte, den Eindruck zu erwecken, daß es ihm nicht schlecht geht. Sichtbar war jedoch für mich, daß er sich in einer tiefen Krise befand.

Klaus suchte unsere Beratung auf, weil er seine Lebenspartnerin fast täglich schlug. Allein in der letzten Woche war es fünfmal zu Gewalttätigkeiten gekommen. Die letzte Gewalthandlung hatte drei Tage vor unserem Gespräch stattgefunden. Dieses Mal hatte er seine Partnerin krankenhausreif geschlagen. Anschließend hat das Paar den Notarzt kommen lassen, demgegenüber die Partnerin erklärte, daß sie die Treppe runtergefallen sei.

Klaus erzählte, daß er früher arbeitslos gewesen war. Da er das wenige, ihm zur Verfügung stehende Geld auch noch verspielte, hatte sich in dieser Zeit ein Schuldenberg angesammelt. Nachdem er die Wohnung verloren hatte, war er vier Jahre lang obdachlos gewesen. Von den Männern im Obdachlosenasyl hatte er immer gedacht, daß sie die typischen Gewalttäter seien. Sie saßen dort in ihren Unterhemden herum, rissen in einer Tour Zoten und soffen literweise Bier. Obwohl auch Klaus damals viel Bier getrunken hatte, war er nicht zum Alkoholiker geworden. Doch die Atmosphäre in dem Heim war für ihn »das Hinterletzte«.

Längere Beziehungen oder solche, die auf eine gemeinsame Zukunft angelegt waren, hatte er damals nie. Die jetzige Partnerin ist für ihn die erste Frau, mit der er zusammenleben will und die er wirklich liebt.

Klaus schilderte mehrmals Situationen, in denen es zur Gewalt gekommen ist, und vermeintliche Ursachen der Ausbrüche. Demzufolge habe er seine Partnerin geschlagen, weil sie nicht mit Geld umgehen könne und Schulden gemacht habe. Auf den Einwurf, daß auch er Schulden gemacht hatte, erwiderte Klaus: »Das ist etwas anderes«. Die Schulden seiner Freundin seien deshalb besonders schlimm, weil sie immer größer würden und am Ende ein Offenbarungseid geleistet werden müsse. Bei dem Geld, das die Frau so leichtfertig ausgibt, handelt es sich allerdings um ihr persönliches Eigentum. Sie arbeitet im Büro und hat ein eigenes Einkommen. Wenn sie einen Kredit aufnimmt, schließt sie die Geschäfte allein ab, da Klaus ohnehin kein Kredit mehr gewährt wird. De facto ist Klaus also nicht Leidtragender der finanziellen Probleme seiner Partnerin.

Desweiteren stellte sich während eines Gesprächs heraus, daß das Paar eine Stereoanlage erworben hatte, derentwegen Klaus sogar zur Kreditaufnahme gedrängt hatte. Er ist in diesem Fall die treibende Kraft gewesen. Obwohl er den Kredit mitveranlaßt hat, beharrte er auf seiner Meinung, daß seine Freundin mit Geld nicht umgehen könne und daß dies für ihn Grund genug sei, sie zu schlagen.

In einer der Beratungsstunden kam Klaus herein, setzte sich, schaute mich nicht an und meinte: »Ich muß dir ja wohl nichts erzählen, du weißt doch schon, wie es mir geht, du bist schließlich der Erfahrenere von uns beiden.« Klaus nahm mich wahr als jemand, der gleichsam riechen muß, wie er sich fühlt und was passiert ist. Diese Situation zog sich etwa fünf Minuten hin. Er brauchte anscheinend eine Einladung, sich zu öffnen, und gleichzeitig sandte er den Appell aus, daß ich ihm sagen solle, wie es ihm geht. Das ist ein Charakteristikum aller gewalttätigen Männer: Sie erwarten von ihrem Gegenüber, speziell im psychosozialen Bereich, zu wissen oder wenigstens erraten zu können, wie es um sie bestellt ist. Diese Rolle übernimmt in der Partnerschaft gewöhnlich die Frau. Sie weiß am besten, wie es dem Mann geht und wie sie sich entsprechend zu verhalten hat. Viele ratsuchenden Männer projizieren dieses Muster auf den Berater.

Eines Tages erzählte Klaus folgende Begebenheit, die von den früheren Gewaltsituationen abwich: Er kam von der Arbeit nach Hause, und da sie sich – auf Kredit – einen neuen, sehr hellen Teppichboden gekauft hatten, ließ er seine Schuhe draußen vor der Tür stehen. Das Paar wohnt in einem ganz normalen Mietshaus. Als er den Müll hinuntertragen wollte und auf den Hausflur trat, waren seine – nagelneuen – Schuhe weg. Klaus verdächtigte augenblicklich den Nachbarn auf derselben Etage und klingelte an dessen Tür. Er warf ihm vor, seine Schuhe geklaut zu haben, dieser aber bestritt den Diebstahl. Es entwickelte sich zwischen den beiden ein heftiger Streit, und der Nachbar drohte, ihm »eins aufs Maul zu geben«, wenn er nicht sofort verschwinden würde. Daraufhin schloß er die Tür, und Klaus ging in die Wohnung zurück. Dort fing er spontan an, seine Partnerin zusammenzuschlagen – ohne vorherigen Streit oder irgendeine Form von Auseinandersetzung. Erst eine Stunde später wachte Klaus sozusagen auf und merkte, was er angerichtet hatte.

Ihm fiel es in der Einzelsitzung deshalb so schwer, darüber zu reden, weil seine Partnerin dieses Mal ganz offensichtlich nichts »gemacht« hatte. Klaus erinnerte sich, daß wir einmal in der Beratung über genau diesen Aspekt seiner Gewalt gesprochen hatten und ich ihm gesagt hatte, daß es vollkommen gleichgültig sei, was seine Freundin tut oder läßt, da es grundsätzlich keine Berechtigung gebe, sie zu schlagen. Dieses Mal erfuhr Klaus, daß diese Aussage stimmte. Er war entsetzt und wünschte sich zugleich, seinem Nachbarn doch »ein paar auf die Nuß gegeben zu haben«.

Die Frage war: Was ist eigentlich vor dem Gewaltausbruch passiert? Erstens hat Klaus dem Nachbarn unterstellt, seine Schuhe geklaut zu haben, ohne es natürlich wissen zu können. Daß es einen Unterschied gibt zwischen der Realität, die wir annehmen, und der Realität dessen, was tatsächlich geschieht, war für Klaus völlig neu. Über solche Dinge hatte er sich bis dahin nie Gedanken gemacht. Zweitens hatten seine Freundin und er seit drei Tagen nicht miteinander geredet, genauer gesagt seit dem Tag, als sie bei seinen Schwiegereltern zu Besuch waren. Während dieses Besuchs hat er sich noch nicht aufgeregt, aber seinen Ärger hat er mitgenommen. Klaus' Verhältnis zu seinem Schwiegervater ist sehr belastet, weil dieser immerzu versuche, seine Tochter davon abzuhalten, mit ihm zusammenzusein. Er mache Klaus regelmäßig schlecht und gebe immer mit seinem Geld und seinem Auto an. Außerdem beschuldige der Schwiegervater Klaus wiederholt, daß er seine Tochter nicht mitfinanzieren könne, weil er ja nur ein Koch mit kleinem Gehalt sei.

Am Tag vor dem Besuch bei den Schwiegereltern hatte sich das Paar zusammengesetzt, um alle Unterlagen zu sichten und zu ordnen, die Klaus für eine Schuldnerberatung, die er auf unseren Rat hin aufgesucht hatte, benötigte. Als sie am nächsten Tag bei den Schwiegereltern waren, wünschte der Vater den Kontoauszug seiner Tochter zu sehen. Nachdem sie ihm ihre Schulden in Höhe von mehreren Tausend Mark genannt hatte, versprach der Vater, ihr das Geld zu schenken. In dem Augenblick wäre Klaus »die Klappe runtergefallen«. Dieses Geschenk habe er nicht hinnehmen können, weil ihm dadurch zu verstehen gegeben worden sei, daß er es nicht schafft, auch finanziell für seine Lebenspartnerin zu sorgen. Klaus war der Auffassung, daß ihre Geldprobleme den Vater nichts angingen und seine Freundin zu ihm kommen sollte, wenn sie Hilfe bräuchte. Er war vollkommen aufgebracht und wollte von mir die Bestätigung erhalten, daß sich die Sache genau so verhielte, wie er sie sah.

An diesem Vorfall wurde deutlich, wie Klaus seine aktuelle Schwierigkeit im Umgang mit Geld erlebte. Einerseits mußte er einsehen, daß er seine finanzielle Notlage nur noch mit Hilfe einer Schuldnerberatungsstelle bewältigen konnte, was schon seiner Erwartung, alles alleine schaffen zu müssen, widersprach. Auf der anderen Seite mußte er mitansehen, wie sein Schwiegervater kurzerhand seine Partnerin entschuldete. In diesem Bereich fühlte sich Klaus dem Schwiegervater weit unterlegen und von ihm in seiner Ehre als Lebensgefährte gekränkt, denn Klaus' Anspruch an Partnerschaft zufolge war es Aufgabe des Mannes, für den Unterhalt der Familie zu sorgen. Obschon dies in seinem Fall nicht der Realität entsprach, hatte er das Gefühl, diesen Anspruch zu erfüllen. Als der Schwiegervater aber seiner Partnerin Geld gab, fühlte sich Klaus extrem abgewertet. Seine Konsequenz war, jeden Kontakt mit den Schwiegereltern in Zukunft zu vermeiden, weil sie für ihn Zeugen seiner Schande darstellten. Da er sich auch seiner Partnerin gegenüber seit diesem Moment unterlegen fühlte, brach er den Gesprächskontakt zu ihr ab, so daß sie drei Tage nicht miteinander redeten. Eine Möglichkeit für ihn, aus diesem Dilemma wieder herauszukommen, bestand darin, der Frau *körperlich* zu beweisen, daß er der Stärkere von beiden war, daß er der Mann war, der allein die Partnerschaft beschützt. Deshalb schlug er zu.

In der Arbeit mit ihm ging es vorrangig darum, Klaus glaubhaft zu machen, daß ich ihn in seiner Bewertung der Lage verstehe. Ich wollte ihn bei der Verantwortung »packen«. Obwohl Klaus selbst sein Verhalten zutiefst verurteilt hat, hörte er nicht mit dem Schlagen auf, weil er die Schuld bisher immer seiner Partnerin zuschieben konnte. Bis zu diesem Vorfall hatte Klaus immer noch Erklärungen für seine Gewalttätigkeit gefunden. Erklärung hieß für ihn, automatisch danach zu suchen, wer den Grund für einen Gewaltausbruch geliefert, bei wem die Schuld gelegen hat. Und das ist, aus seiner Perspektive, bis auf den letzten Fall immer die Partnerin gewesen. Diese Technik, sich selbst zu entschuldigen, beherrschen gewalttätige Männer besonders gut. Nun aber erkannte Klaus, daß seine Gewalttätigkeit nicht von seiner Partnerin abhing und die Verantwortung ganz bei ihm lag.

Die weitere Arbeit besteht darin (Klaus befindet sich nach wie vor in Einzelberatung), Klaus über die Verantwortung für seine Gewalt hinaus selbst-verantwortlich zu machen. Er muß lernen, Unterstützung anzunehmen, wenn er nicht weiterweiß. Das habe ich ihm vornehmlich in der Schuldnerberatung und mit meiner Hilfe klargemacht.

Trotz seiner finanziellen Engpässe ist es Klaus sehr wichtig, einen kleinen Obulus zu entrichten, indem er für eine Beratungsstunde 20 DM an den Verein spendet. Wenn wir das Geld nicht annähmen, fühlte sich Klaus kleingemacht und würde die Beratung abbrechen. Für ihn hat Geld größte Bedeutung, weil er gelernt hat, daß Leute, die kein Geld besitzen, in der Gesellschaft ganz unten stehen und nicht ernstgenommen werden. Seine Erfahrung ist, daß man nur dann respektiert wird, wenn man für das, was man bekommt, bezahlt. Alles andere sind in seinen Augen Almosen, und Almosen erinnern ihn an die Zeit als Obdachloser. Klaus möchte sich selbst und nach außen dokumentieren, daß er sich nicht mehr in diesem Stadium befindet, sondern es geschafft hat, finanziell auf eigenen Beinen zu stehen. Für Klaus ist es also selbstverständlich und von großer Bedeutung, einen Beitrag in Form einer Spende zu zahlen.

Wenn er selbst unter dem Eindruck leidet, nichts zu schaffen, nichts zu sein und nichts zu haben, dann kann es sehr hilfreich sein, Klaus auf das hinzuweisen, was er schon alles alleine geleistet hat. So kann ich ihm vermitteln, daß er nicht nur schwach oder ein Versager ist, indem ich ihn beispielsweise daran erinnere, daß es ihm gelungen ist, aus der Obdachlosigkeit herauszufinden – zwar mit der Unterstützung seiner Partnerin, aber der letzte Schritt ging von ihm aus.

Die Gewalttätigkeit gegenüber seiner Freundin betrachtet

Klaus ebenfalls als ein persönliches Versagen. Ich mache ihm deutlich, daß es zu jedem Zeitpunkt im Leben positive wie negative Seiten gibt, die zum Ausdruck kommen, und daß in der Gleichzeitigkeit von Stärken und Schwächen das Leben besteht. Das ist für viele Männer nicht nachvollziehbar. Wenn Männer eine einzige Schwäche bei sich feststellen, fühlen sie sich häufig im ganzen schwach und entwertet.

Bei Klaus geht es jetzt vor allem in den Gruppensitzungen darum, daß er Situationen, in denen er sich unterlegen fühlt, zuläßt. Sobald er ein Gefühl der Ohnmacht hat, besteht erhöhte Gefahr, daß er darauf mit Gewalt reagiert. Derartige Situationen sind also am gefährlichsten für Klaus. Schrittweise arbeite ich darauf hin, daß Klaus ein Gefühl von Ohnmacht akzeptiert, um dann in der Lage zu sein, sich helfen und unterstützen zu lassen. Hilfsangebote zurückzuweisen ist männertypisch.

Klaus ist zur Zeit nicht mehr gewalttätig, und meine Prognose, daß es so bleibt, ist gut.

Peter

Peter ist mit acht Jahren unser jüngster Klient. Er ist in der Schule dermaßen gewalttätig geworden, daß ihm in der ersten Klasse bereits ein Schulverweis erteilt wurde. Außerdem hat er seine Mutter mit einem Messer bedroht.

Seine Mutter war es auch, die ihn vor etwa sechs Monaten in die Beratungsstelle »Männer gegen Männer-Gewalt« gebracht hat.

Die Einzelberatung beziehungsweise Spieltherapie mit Peter findet einmal in der Woche statt und ist auf einen längeren Zeitraum konzipiert als die Arbeit mit Männern.

In den ersten Stunden habe ich als Berater mit Peter auf spielerische Art Kontakt aufgenommen. Es war auffällig, wie schwer es Peter fiel, sich auf etwas zu konzentrieren, wie unruhig er war.

Nach der ersten Stunde legte ich nur noch ganz wenig Spielzeug heraus, da Peter mit seiner Aufmerksamkeit nicht bei einem Spiel blieb, sondern immer alles gleichzeitig machen wollte: spielen, mit mir rangeln und sich obendrein mit mir unterhalten. In der ersten Sitzung wurde bereits deutlich, daß Peter sehr abhängig von positiven Bestätigungen war. Immer wieder fragte er mich, ob er ein Spiel »gut gemacht« habe.

Kinder mit Peters Auffälligkeiten werden häufig als »hyperaktiv« oder als »MCD-Kinder« (MCD – minimale cerebrale Dysfunktion) bezeichnet. Bei genauerer Betrachtung der Studien stellt sich heraus, daß es sich bei so beschriebenen Kindern vorwiegend um Jungen handelt. Ob und inwieweit das Auftreten solcher Verhaltensweisen mit der erlernten männlichen Geschlechterrolle korreliert, wurde bisher jedoch nicht untersucht. Ich sehe deshalb von derartigen Diagnosen ab und konzentriere mich auf das Verhalten von Peter selbst, bleibe also bei den mir bekannten Phänomenen.

In der Beratung demonstriert Peter häufig sein »Junge-Sein«. Als er zum Beispiel bemerkte, daß in einem Spiel nur weibliche beziehungsweise nicht eindeutig als männlich zu erkennende Playmobil-Puppen vorhanden waren, weigerte er sich, mit ihnen zu spielen. Außerdem wünscht er sich immer wieder, mit mir zu raufen, das heißt, er sucht auf Jungenart Körperkontakt zu mir als Mann.

Nach Peters Aussagen ist seine Mutter die hauptsächliche Bezugsperson für ihn. Sie vermittelt ihm die Welt, stellt Normen auf, wie was zu sein hat, und übernimmt fast gänzlich seine Erziehung. Peters Vater ist beruflich stark eingespannt, kümmert sich um seine Karriere und ums Geldverdienen. Oft arbeitet er auch an den Wochenenden und ist selten daheim. Doch auch zu Hause beschäftigt ihn die Arbeit weiter, so daß er nie »ganz da« ist. Für seinen Sohn bringt er nur beschränkt Zeit auf.

Wenn Peter nach seinem Vater gefragt wird, wird entweder seine Sehnsucht nach ihm deutlich, oder er weicht aus und gibt zu verstehen, daß sein Vater keine Bedeutung für ihn habe. Tatsächlich hängt Peter an seinem Vater, nur hält sich dieser in unerreichbarer Ferne auf.

Während ein Berater mit Peter arbeitet, berät ein anderer die Eltern beziehungsweise die Mutter. Vater und Mutter haben Peter nie geschlagen. Auch zwischen den Eltern gibt es keine Gewalt.

Peters Vater ist der Ansicht, daß die Kindererziehung Frauensache sei. Auch wenn sich Peters Mutter manchmal mehr Engagement vom Vater wünscht, stimmt sie ihm prinzipiell zu und beansprucht die Erziehungsverantwortung für sich.

Beide Eltern sehen Peter in erster Linie als Kind und dann erst als Junge. Sie wollen ihm alle Möglichkeiten offenhalten, sowohl mädchen- als auch jungentypische Verhaltensweisen auszuleben. Nach ihren Aussagen soll Peter nicht auf *eine* Rolle festgelegt werden. Deshalb haben sie ihm beispielsweise Barbie-Puppen geschenkt und Kleidungsstücke gekauft, die in Form und Farbe für Mädchen gedacht sind. Peter solle »bloß kein Macho werden« und »alle Freiheiten genießen«.

Darüber hinaus hat die Mutter Peter nahegelegt, sich um jüngere Kinder zu kümmern, auch mit Mädchen zu spielen, und sie hat andere Verhaltensweisen gefördert, die auf eine Steigerung von Peters sozialer Kompetenz ausgerichtet sind. Immer dann, wenn Peter nicht das jungentypische Verhalten an den Tag legte, zeigten sich seine Eltern hocherfreut.

Peter war im Kindergarten äußerst beliebt, unauffällig und unproblematisch. Als Peter dann in die Schule kam, änderte sich das »schlagartig«. Er wurde massiv gewalttätig. Nun wurde nämlich deutlich, daß Peter kein »neutrales« Rollenverhalten – wie von den Eltern beabsichtigt – zeigt, sondern sein Benehmen von jungentypischen Verhaltensweisen abweicht. Damit traf Peter auf die Jungencliquen in der Schule – und ging unter.

Er wurde ausgelacht, weil er andere Jacken trug, und wenn Klassenkameraden ihn zu Hause besuchten, entdeckten sie zwangsläufig sein »Mädchenspielzeug« und hänselten ihn noch Tage später damit. Peter wurde von den anderen Jungen nicht als »richtiger« Junge akzeptiert.

Für Peter ist das unbegreiflich. Er wird abgelehnt und bekommt zu hören, er sei »ein Mama-Söhnchen«.

Er ist jetzt sehr verunsichert. Er will den anderen Jungen zeigen, daß er doch einer von ihnen ist, er will als »richtiger« Junge akzeptiert werden. Außerdem ist er die ständigen Hänseleien leid. Er wird wütend und weint gleichzeitig. Sein Weinen bringt ihm Gelächter und den Spitznamen »Heulsuse« ein. Als er auch körperlich von anderen Jungen bedrängt wird, schlägt er zu. Als ein Junge am Boden liegt, springt Peter auf ihn und bricht ihm einige Rippen.

Die Reaktionen der anderen Jungen sind geteilt. Die einen sind verblüfft, einige schlagen zurück, andere haben Angst und laufen weg.

Peter erfährt, daß seine Gewalttätigkeit ihm dazu verhilft, daß er nun weniger gehänselt wird. Er schlägt häufiger zu, auch ohne Anlaß.

In solchen Momenten bricht für seine Eltern, besonders für seine Mutter, eine Welt zusammen. Schließlich hat sie ihren Sohn gerade dazu erziehen wollen, sich nicht wie andere Jungen dauernd herumzuprügeln. Die Eltern reagieren mit Vorwürfen.

Einige Tage später bedroht Peter die Mutter – in Abwesenheit des Vaters – mit einem Küchenmesser. Kurz danach nimmt sie Kontakt zu unserer Beratungsstelle auf.

Die Eltern verstehen nicht oder nur schwer, daß sich Peter in der Jungenwelt zurechtfinden muß. Er ist ein Junge und kein geschlechtsneutrales Kind. Er braucht die Anerkennung anderer Jungen und Männer in seiner Geschlechtsidentität.

Sein ursprünglich nicht rollenadäquates Verhalten und Aussehen – von den Eltern positiv beeinflußt – wird in der Jungengruppe seiner Klasse gerade nicht akzeptiert. Seine Geschlechtsidentität ist bedroht. Er reagiert mit Gewalt und merkt, daß sein Verhalten »Erfolg« hat. Gleichzeitig wird er aber durch die Reaktion seiner Eltern moralisch unter Druck gesetzt. Peter versteht die Welt nicht mehr. Seine Verunsicherung wächst. Immer häufiger wird er ohne für die Mutter oder

Außenstehende ersichtlichen Anlaß zornig und gleich darauf teilnahmslos apathisch.

Peters Mutter ist ebenfalls verunsichert. Sie reagiert auf Peter mit widersprüchlichen Botschaften: Einerseits macht sie ihm immer wieder Vorwürfe, andererseits läßt sie ihn gewähren, weil sie glaubt, Peter müsse sich »austoben«.

Inzwischen hat Peter eine große Leidenschaft entdeckt: das Wrestling, also Schein-Schlägereien erwachsener Männer, Show-Catchen, das in den USA und mittlerweile auch in Europa ein großes Medienereignis mit vielen – meist männlichen – Anhängern ist. Seine Mutter kauft Peter mehrere Videokassetten und wöchentlich erscheinende Wrestling-Zeitschriften. Sie denkt, daß Peter durch das Ansehen der Videos seine eigenen Aggressionen los würde.

Ablauf der Beratung

Am Anfang jeder Stunde treffe ich mit Peter eine Vereinbarung: In der ersten halben Stunde bestimmt er unser Spiel, in der zweiten Hälfte machen wir, was ich vorschlage. Diese Struktur hat sich mittlerweile als sehr fruchtbar erwiesen. Peter fühlt sich wahrgenommen und einbezogen. Außerdem achte ich vor der Stunde darauf, daß nur wenig Spielzeug im Raum liegt, um zu verhindern, daß Peter erneut beginnt, mit allem gleichzeitig spielen zu wollen.

Peter bringt viele eigene Ideen ein, so zum Beispiel szenische Spiele. Da er sich zur Zeit viel mit Wrestling beschäftigt, will er diese Schein-Schlägereien nachspielen. Er übernimmt stets die Rolle des »Guten« und fordert mich auf, den »Bösewicht« zu spielen. Seine Lieblingsfigur ist Lex Lugar, ein sehr bekannter Wrestler, mit dem sich Peter im Spiel identifiziert.

Wir bilden im Gruppenraum einen Ring aus Kissen, er sagt mir, was ich zu tun habe, und dann beginnt das Catchen. Einmal sollte ich mich hinlegen, und er wollte auf mich drauf springen. Ich sagte ihm, daß ich Angst davor hätte, weil er mir weh tun könnte. Peter beteuerte, daß er mir nicht weh tun wolle und ignorierte meinen Einwand, daß wir das bei diesem Spiel nicht ausschließen könnten, auch wenn ich ihm glaubte. Er ließ also nicht locker und sprang. Ich wich aus, er traf mich jedoch leicht und tat sich und mir weh. Ich wurde wütend. Er erschrak und machte mir Vorwürfe.

Er hatte die Situation völlig anders eingeschätzt und sagte mir, das hätte gar nicht weh tun können, er hätte doch die gleichen Griffe geübt wie sein Vorbild Lex Lugar.

Ich machte ihm klar, daß wir uns beide bei diesem Spiel verletzen könnten. Auf meine Frage, ob er Situationen kenne, wo auf einmal aus Spiel Ernst wurde, erzählte er mir, daß das häufig in der Schule passiere. Ich sagte ihm, daß wir andere Formen des Spiels wählen müßten, um uns nicht zu verletzen.

Ich forderte ihn auf, sich vorzustellen, was Lex Lugar mache, wenn er nicht im Ring kämpfe. Er versetzte sich in das Leben von Lex Lugar und erfand eine Geschichte:

An seiner Stelle lebte er mit seiner Frau zusammen, hatte aber keine Kinder, denn »die sind viel zu nervig«. Einige gleichaltrige Freunde habe er, alles Wrestler. Er treffe sie nur zum Catchen. Ich fragte ihn, mit wem er über Probleme reden würde. Zuerst sagte er, er würde sich mit seinen Freunden unterhalten, dann überlegte er und sagte: »Nein, das geht nicht, außerdem haben Wrestler keine Probleme.«

In den nächsten Stunden fragte ich Peter immer wieder, wie sich Lex Lugar in dieser oder jener Situation wohl verhielte, weil sich Peter stark mit ihm identifizierte. Auf die Frage, was er zum Beispiel täte, wenn ein Junge seines Alters mit ihm Kontakt haben wolle, antwortete Peter, daß Lex Lugar kleine Jungen gar nicht sehen, geschweige denn ernst nehmen würde. Ich machte ihn darauf aufmerksam, daß er selbst noch ein kleiner Junge sei und deshalb realiter keinen Kontakt zu seinem Idol bekommen würde. Peter wurde nachdenklich und traurig.

Peter soll Lex Lugar nicht als Ideal verlieren, indem er ihn vollkommen abwertet und verurteilt. Vielmehr soll er neben dieser Idealfigur ganz realistische Bilder von Männern bekommen.

In seinem Verhalten mir gegenüber und in seinen Bemerkungen über seinen Vater wird deutlich, daß sich Peter danach sehnt, mit Männern in Kontakt zu kommen. Im Grunde geht es Peter um einen anderen als den Catcher-Kontakt. Er ist anlehnungsbedürftig, spricht und spielt gerne mit Männern.

In einer der letzten Stunden sprachen wir über Wut. Peter kann sich häufig nicht daran erinnern, wütend gewesen zu sein. Wut heißt für ihn, gewalttätig zu sein. Über die Schule und das, was dort geschehen ist, will er nicht reden. Er mag nicht daran erinnert werden. Ich gab zu, daß es auch für mich Dinge gibt, über die ich nicht gerne rede, weil sie mir peinlich oder unangenehm sind. Als ich ihn fragte, was ich tun könne, damit es ihm nicht so schwerfalle, über die Vorfälle in der Schule zu reden, antwortete er, er brauche Zeit, wieviel wisse er noch nicht. Ich bin sicher, daß er es schon bald kann.

Immer wenn ich bei Peter merke, daß er wütend wird, weil er entweder über Erlebnisse zu Hause redet oder weil ich mich nicht so verhalte, wie er es will, spiegele ich ihm seine Wut. Beim letztenmal forderte ich ihn auf, die Augen zu schließen und einfach seine Wut zu merken.

Die gleiche Intervention wende ich an, wenn Peter nur ungezielt herumagiert und vor lauter Aufregung nicht weiß, was er tun soll. So lernt er, mehr auf sich zu achten, sich leichter zu beruhigen und sich stärker wahrzunehmen.

Nach Aussagen der Mutter ist es bisher nicht erneut zur Gewalt gekommen.

Matthias

Matthias ist 28 Jahre alt, er arbeitete früher als Versicherungsmakler und ist jetzt Student. Matthias lebte knapp zehn Jahre mit einer Frau zusammen, die erst studierte und seit ungefähr fünf Jahren im Beruf steht.

Schon zu Beginn der Beziehung ist Matthias immer wieder gewalttätig geworden. Im Laufe der Zeit häufte sich die Gewalt, das heißt, Matthias schlug seine Freundin immer öfter auf immer brutalere Weise. In der Anfangszeit hatte er sie geohrfeigt, daraufhin erschrak er selbst und versprach, daß es nicht wieder vorkomme. Doch die Gewalt nahm zu. Es blieb nicht bei Ohrfeigen, er schlug mit Gegenständen, trat mit den Füßen und prügelte seine Partnerin einmal sogar krankenhausreif.

Matthias suchte die Beratungsstelle etwa vier Jahre nach der ersten Gewalttat auf. Damals war er noch bei der Versicherung tätig, und seine Freundin hatte nach Abschluß ihres Studiums bereits angefangen zu arbeiten.

Nach Matthias' eigener Deutung schlug er seine Freundin immer dann, wenn sie wieder Unordnung gemacht hatte in der kleinen Zwei-Zimmer-Wohnung, in der die beiden wohnten. Zum Beispiel wurde er gewalttätig, wenn sie das Geschirr in der Spüle stehengelassen hatte, anstatt es abzuwaschen. In den ersten Beratungsstunden schilderte Matthias wiederholt die Situationen, in denen es zur Gewalt gekommen war. Er betonte dabei, daß seine Freundin die Auslöserin gewesen sei und die Ursache für seine Gewalt allein darin bestünde, daß sie wieder unordentlich gewesen sei. Sein Wunsch und seine Erwartung an uns bestanden darin, daß wir ihm Tips geben sollten, wie er die Partnerin dazu bringen könnte, im Haushalt zukünftig nicht mehr so nachlässig zu sein. Wäre dieser Grund beseitigt, würde er auch nicht mehr schlagen.

Matthias suchte »Männer gegen Männer-Gewalt« erst auf, als seine Freundin ankündigte, sich von ihm zu trennen, nachdem er wieder auf sie eingeschlagen hatte. Sie zog zwar nicht aus der Wohnung aus, sich aber vollkommen in sich zurück.

Die erste Intervention von mir bedeutete, Matthias klarzumachen, daß die Gewalt von ihm ausging und daß seine Suche nach den Ursachen seiner Gewalt fehlgeleitet war. Vielmehr ging es darum, daß *sein* konkretes Gewaltverhalten verantwortlich war für die Folgen, so auch dafür, daß die Partnerin sich von ihm trennen würde. Ich habe ihm von Anbeginn klargemacht, daß ich nichts tun könne, um seine Partnerin von einer Trennung abzuhalten und daß ich ihm auch keine Tips geben könne hinsichtlich ihres Ordnungssinns. Mein Interesse lag darin, mit ihm so zu arbeiten, daß er nicht länger gewalttätig ist.

Als Berater habe ich sehr schnell gemerkt, daß Matthias auf der einen Seite in seiner Erwartung an mich enttäuscht war und auf der anderen Seite einsah, daß *er* zuschlug und *er* sich deshalb ändern mußte. Er erkannte, daß ich es weder gut fand noch bagatellisierte, daß er Gewalt ausübte. Ich war nicht bereit, mich auf seine Erklärungsmuster und Verantwortungsabgabe an die Partnerin einzulassen. Sonst hätte ich Matthias gar nicht weiterhelfen können.

Matthias kam in Wochenabständen, jedesmal zum vereinbarten Termin. Manchmal erscheinen Männer an einem anderen Tag oder zu einer anderen Uhrzeit als abgemacht, weil sie die Daten verwechselt haben. Auf Matthias aber war Verlaß.

Wenn er ankam, war er sehr aufgeregt. Er hatte schweißnasse Hände, und es berührte ihn offensichtlich stark, zur Beratung zu gehen. Erstaunlich war, daß er mir stets widersprach, wenn ich ihm sagte, welchen angespannten Eindruck er auf mich machte. Er beteuerte, daß es ihm helfe, wenn er zur Beratung komme, daß es gut und richtig sei.

Matthias kam insgesamt zu acht Terminen. In diesen Stunden versuchten wir herauszufinden, wann er gewalttätig wurde, und die Situation vor der Gewalttat zu beleuchten. Diese Recherche gestaltete sich relativ schwierig.

In der Zwischenzeit berichtete Matthias, daß er mit seiner Freundin über unsere Beratung gesprochen hatte. Seine Freundin begrüßte diesen Schritt sehr und hat ihn von da an oft an die Termine erinnert und ermuntert, sie wahrzunehmen.

Nach acht Einzelsitzungen kam Matthias nicht mehr zum abgesprochenen Termin. Er hatte zwei Wochen Urlaub und wollte drei Wochen nach dem letzten Termin wiederkommen. Aber an diesem Tag erschien er nicht.

Nach ungefähr neun Monaten rief Matthias in der Beratungsstelle an, um sich einen neuen Termin geben zu lassen. Er wies darauf hin, schon einmal bei uns gewesen zu sein. Zufälligerweise wurde ihm derselbe Berater zugeteilt. Als Matthias Platz nahm, begrüßte ich ihn, sagte ihm, daß wir uns ja kennen würden und fragte ihn, was ihn erneut hierher führte. Er erzählte, daß er abermals und sogar verstärkt gewalttätig geworden sei. Nun war er sicher, daß er seine Partnerin, mit der er bis zu diesem Zeitpunkt immer noch zusammen war, ganz verlieren würde, wenn er nicht definitiv etwas änderte. Er wollte unter allen Umständen etwas für sich tun.

Auf meine Frage, warum wir ein Dreivierteljahr nichts von ihm gehört haben, erzählte Matthias, daß es in den ersten acht Beratungswochen vor dem Urlaub nicht mehr zur Gewalt gekommen sei, aber während ihres gemeinsamen Urlaubs. Er habe sich dafür abgrundtief geschämt und darum befürchtet, daß ich ihn verurteilen würde. Aus diesem Grund habe er sich nicht mehr getraut, in der Beratungsstelle anzurufen. Der Einbruch muß sehr schlimm für ihn gewesen sein, aber ich versicherte ihm, daß er keine Angst vor einer Verurteilung zu haben brauche.

Es dauerte eine ganze Stunde, um den Komplex von Schuld und Verantwortung auseinanderzuhalten. Zum Schluß begriff Matthias, daß ich mich mit ihm als Mann und mit seinen Problemen solidarisierte, daß ich mich gleichzeitig jedoch von seinem Verhalten entsolidarisierte.

Von dem Moment an begegnete mir Matthias mit einer größeren Offenheit: Er sprach über die Häufigkeit seiner Gewalt und detailliert über die Formen, die die Gewalt angenommen hatte. Matthias berichtete, daß er seine Freundin auch sexuell mißhandelt, also vergewaltigt hatte.

Inzwischen war nicht mehr nur die Unordnung seiner Freundin der Anlaß für seine Gewalthandlungen. Matthias hatte aufgehört, bei der Versicherung zu arbeiten und ein Studium aufgenommen. Als er eines Tages aus einer für ihn sehr frustrierenden Vorlesung nach Hause kam, verprügelte er ohne erkennbaren

Anlaß seine Freundin so sehr, daß jeder Schlag körperlich sichtbar war. Als ihm nach der Gewalttat klar wurde, was er angerichtet hatte, fing er an zu weinen – und seine Freundin, auf die er eben noch eingeschlagen hatte, tröstete ihn. Er verließ daraufhin die Wohnung, verbrachte die Nacht woanders und wollte nie wieder zurückkehren, weil diese Situation die tiefste Schmach für ihn gewesen sei. Durch den Trost seiner Freundin fühlte er sich kleingemacht, kleiner als sie, weil er Unterstützung von jemandem bekam, der schwächer war als er. Während er sich vorher noch als groß und mächtig erlebt hatte, war er plötzlich mit seiner Kleinheit konfrontiert.

Matthias besaß eine genaue Vorstellung davon, wie eine richtige Partnerschaft zu sein habe, wie seine Beziehung aussehen sollte. Ein wesentlicher Aspekt war, daß der Mann derjenige ist, der arbeitet und Geld verdient. Solange seine Freundin noch studierte, war seine Welt also in Ordnung. Seitdem sie jedoch arbeitete und er studierte, litt er permanent unter dem Eindruck, nicht mehr zu genügen.

Augenblicklich ist es für Matthias das Wichtigste, durch die Gruppen- und Einzelgespräche im aktuellen Trennungsprozeß zwischen ihm und seiner langjährigen Partnerin unterstützt zu werden.

Matthias ist ausgezogen, und die von ihm gewünschte und betriebene Trennung vollzieht sich schrittweise. Sex gibt es zwischen ihnen gar nicht mehr, und er versteht die Gründe dafür. Er weiß, daß seine Ex-Freundin Angst vor ihm hat, und er selbst würde bei einer Fortdauer der – auch körperlichen – Beziehung an seine Gewalttätigkeit erinnert.

Ein entscheidender Grund übrigens, warum Matthias die Beratung abgebrochen hat, lag darin, daß seine Freundin ihn immer an die Beratungstermine gemahnt hat. Ich habe schon von mehreren Klienten gehört, daß die Frauen die Termine für sie vereinbart, deren Kalender geführt und sie daran erinnert haben, daß sie wieder zu uns kommen müßten. Es ist natürlich begreiflich, daß eine Frau auf die Einhaltung der Termine drängt, denn schließlich ist sie das Opfer der Gewalt. Aber für den Mann führt diese Art der Bevormundung nicht selten zu gegenteiligen Konsequenzen. Bei Matthias entstand dadurch das Gefühl, sich letztlich nur seiner Freundin zuliebe beraten zu lassen.

Als er nach der neunmonatigen Pause zum zweiten Mal die Beratungsstelle aufsuchte, hoffte er auf Unterstützung für sich selbst. Das Gefühl, nicht kleingemacht zu werden, sondern die Situationen immer noch »in der Hand« zu haben, war entscheidend.

Matthias ist derzeit nicht mehr gewalttätig. Meine Prognose ist günstig.

Literaturverzeichnis

Böhnisch, Lothar / Winter, Reinhard (1993): Männliche Sozialisation, Weinheim und München

Bundeskriminalamt (1993): Polizeiliche Kriminalstatistik, Wiesbaden, S. 115 ff.

Bundesministerium für Umwelt, Jugend und Familie (1991): Gewalt in der Familie, Wien

Bürger, Joachim H. (1991): Mann, bist Du gut, München (Zur Lektüre nicht empfohlen)

Dangers, Thomas (1993): Die Bedeutung der Vorbilder für gewalttätige Männer auf ihrer Suche nach Männlichkeit. Unveröffentlichte Diplomarbeit, Hamburg

(GIP) Notruf, Frauen helfen Frauen, Gladbeck (1989): Untersuchung zur Übertragbarkeit des amerikanischen Modells DAIP: Intervention gegen Gewalt in der Familie, Gladbeck

Heitmeyer, Wilhelm (1992): Rechtsextremismus. Warum handeln Menschen gegen ihre eigenen Interessen?, Köln

Hlawaty, Ann Christine / Lempert, Joachim (1991): Gestaltorientierte Beratung. Ein Curriculum. Unveröffentlichtes Manuskript, Hamburg

Lempert, Joachim / Oelemann, Burkhard (1993): Männer gegen Männer-Gewalt und Jugend und Gewalt, in: Zur Sache 93, 2, Deutscher Bundestag, Bonn

dies. (1996): Lieber gewalttätig als unmännlich ... . Der lange Irrweg auf der Suche nach Männlichkeit. (Hrsg. Männer gegen Männer-Gewalt), Hamburg

Lempert, Joachim (1988): Wohin mit meiner Wut? Trainingsprogramm für Männer. Unveröffentlichtes Manuskript, Hamburg

ders. (1993): Arbeit mit gewalttätigen und rechtsextremen Jugendlichen, in: Hakenkreuze, Türkenwitze... (3), Bonifer-Dörr, Gerhard (Hrsg.) / Weinknecht, Günter (Hrsg.), Lübeck, S. 109-114

ders. (1993): Der Gewalt, Hamburger Platt, Universität Hamburg, Nr. 2, Hamburg, S. 2-11

ders. (1993): Stellungnahme zum DAIP-Modell, in: Stadt Wilhelmshaven Dokumentation: Männer-Gewalt gegen Frauen ... und was ist mit den Tätern?, Wilhelmshaven

ders. (1993): Gewalt ist Männersache, in: Marie Claire Nr. 8, München, S. 77-78 ders. (1993): Sozialpsychologische Gewaltursachen, in: GEWALT Herausforderung für die Jugendsozialarbeit. Dokumentation der Fachtagung der Bundesarbeitsgemeinschaft Jugendsozialarbeit – BAG JAW – Suhl, Bonn, S. 48-52

Männer gegen Männer-Gewalt, Hamburg (1993): Pressemappe und Dokumentation, 10 Jahre Männer gegen Männer-Gewalt, ausgewählte Pressemitteilungen 1984 – 1993, Hamburg

Nini, M. / Bentheim, A. / Firle, M. / Nolte, I. / Schneble, A. (1996): Abbau von Beziehungsgewalt als Konfliktlösungsmuster, Forschungsprojekt: Bundesministerium für Frauen und Jugend, Bonn

Oelemann, Burkhard (1992): Jugendgewalt ist Jungengewalt, DVJJ-Journal (Dt. Vereinigung für Jugendgerichte/-gerichtshilfen) 138, Nr.1-2, Hannover, S. 85-88

ders. (1993): Wie kommt die Gewalt in den Mann?, in: Stadt Wilhelmshaven Dokumentation: Männer-Gewalt gegen Frauen ... und was ist mit den Tätern?, Wilhelmshaven

ders. (1993): Vater-seelen allein. Jungen zwischen Held und Hasenfuß, in: A. Diekmann u. a. (1994): Gewohnheitstäter, Männer und Gewalt, Köln

ders. (1993): Jungs – endlich mal unter sich!, in: Mach was aus Dir. Welche Rolle paßt zu mir? Dokumentation Modellprojekt, Landkreis Peine

ders. (1993): Sexuelle Gewalt gegen Jungen. Die Opfer – die Täter, in: Sexuelle Gewalt, Dokumentation der Stadt Delmenhorst, Delmenhorst, S. 26-35

ders. (1993): Vom Mißbrauch des Mißbrauchs. Über die Ideologisierung der sexuellen Mißhandlung von Jungen, in: MÄNNERFORUM, Nr.9, Kassel, S. 12-15

ders. (1994): Mütter können aus Jungen keine Männer machen, in: Marie Claire Nr.1 (J), München, S. 62-64

ders. (1994): Angst-Umweg: Gewalt. Physische Gewalt unter männlichen Jugendlichen, geschlechtstypische Ursachen, Intervention, Prävention (Konzeptstudie für das Amt für Jugend, Hamburg), Hamburg

Rimmler, Uli / Slüter, Ralf (1992): 7 Jahre Männer gegen Männer-Gewalt, Hamburg – Entstehung, Entwicklung, Erfahrungen und Perspektiven, in: Verhaltenstherapie und psychosoziale Praxis, Bd. 1, DGVT- Deutsche Gesellschaft für Verhaltenstherapie (Hrsg.), Tübingen (DGVT), S. 27-52

Rimmler, Uli (1993): » ... dann habe ich zugeschlagen«, in: Psychologie Heute Nr.6, Weinheim, S. 58-63

Schnack, Dieter / Neutzling, Rainer (1990): Kleine Helden in Not, Reinbek bei Hamburg

Schulz von Thun, Friedemann (1991): Miteinander reden: Störungen und Klärungen, Bd. 1 und 2, Reinbek bei Hamburg

Steffen, Wiebke (1987): Gewalt von Männern gegenüber Frauen, Kriminologische Forschungsgruppe der bayerischen Polizei, LKA München, München
Weidner, Jens (1993): Anti-Aggressivitätstraining für Gewalttäter, Bonn
Willi, Jürg (1991): Therapie der Zweierbeziehung, Reinbek bei Hamburg

Adressen

Kontakt- und Beratungsstelle
Männer gegen Männer-Gewalt®
Mühlendamm 66
22087 Hamburg
Tel.: 040/220 12 77
Fax: 040/221 260

Institut for Male
Schwenckestr. 50
20255 Hamburg
Tel. u. Fax: 040/491 80 90

Männer gegen Männer-Gewalt® Köln
c/o Rainer Satoris
Tel. 0221/980 83 70

Bad Bentheim
c/o Jürgen Krabbe
Tel. 05924/62 76

Wolfsburg
c/o Dietrich Seifert
Tel. 05308/25 22

Oldenburg
c/o Alexander Diekmann
Tel. 0441/88 57 57

Männer gegen Männer-Gewalt® Greifswald
Mendelejewweg 16
17491 Greifswald
Tel. 03834/82 99 65

Psychologie – Analyse – Therapie

Jeremiah Abrams (Hg.)
Die Befreiung des Inneren Kindes
Unsere ursprüngliche kreative Persönlichkeit
dtv 35107

Kathrin Asper
Verlassenheit und Selbstentfremdung
Neue Zugänge zum therapeutischen Verständnis
dtv 35018

Hinrich van Deest
Heilen mit Musik
Musiktherapie in der Praxis
dtv 35117

Verena Kast
Märchen als Therapie
dtv 35021

Arnold Lazarus
Allen Fay
Ich kann, wenn ich will
Anleitung zur psychologischen Selbsthilfe
dtv 35027

Elisabeth Lukas
Spannendes Leben
In der Spannung zwischen Sein und Sollen
Ein Logotherapiebuch
dtv 35112

Frederick S. Perls
Ralph F. Hefferline
Paul Goodman
Gestalttherapie
Grundlagen · dtv 35010
Praxis · dtv 35029

Frederick S. Perls
Das Ich, der Hunger und die Aggression
Die Anfänge der Gestalt-Therapie · dtv 35038

Peter Schellenbaum
Die Wunde der Ungeliebten
Blockierung und Verlebendigung der Liebe
dtv 35015

Peter Schellenbaum
Nimm deine Couch und geh!
Heilung mit Spontanritualen · dtv 35081

Claude Steiner
Wie man Lebenspläne verändert
Das Skript-Konzept in der Transaktionsanalyse
dtv 35053

Edith und Rolf Zundel
Leitfiguren der neueren Psychotherapie
Leben und Werk
dtv 15093

Hilfe zur Selbsthilfe im dtv

Jeremiah Abrams (Hg.)
Die Befreiung des Inneren Kindes
Unsere ursprüngliche kreative Persönlichkeit
dtv 35107

Jeremiah Abrams u.a.
Die Schattenseite der Seele
Wie man die dunklen Bereiche der Psyche in die Persönlichkeit integriert
dtv 35118

Kathrin Asper
Von der Kindheit zum Kind in uns
Lebenshilfe aus dem Unbewußten
dtv 35093

Irène Kummer
Ich bin die Frau, die ich bin
Eine lebendige Beziehung zu sich selbst und anderen finden
dtv 35078

Arnold Lazarus
Allen Fay
Ich kann, wenn ich will
Anleitung zur psychologischen Selbsthilfe
dtv 35027

Helmut Milz
Der wiederentdeckte Körper
Vom schöpferischen Umgang mit sich selbst
dtv 35075

Norman Vincent Peale
Die Kraft positiven Denkens
dtv großdruck 25110

Peter Schellenbaum
Die Wunde der Ungeliebten
Blockierung und Verlebendigung der Liebe
dtv 35015

Peter Schellenbaum
Abschied von der Selbstzerstörung
Befreiung der Lebensenergie · dtv 35016

dtv

Abservierte Männer, Kinder ohne Väter – Opfer eines hunderttausendfachen Scheidungskrieges

Karin Jäckel

Der gebrauchte Mann

Abgeliebt und abgezockt – Väter nach der Trennung

dtv premium 15103

»Meine Anklage gilt nicht den Menschen, die ihre Ehe oder eheähnliche Beziehung auflösen.
Ich prangere nur das Wie an.«

Jede dritte Ehe in Deutschland wird geschieden, und in knapp der Hälfte gibt es gemeinsame Kinder. In der Regel bleiben diese bei den Müttern, und die Männer werden zu Besuchspapas und Zahlvätern degradiert, die sich den ersehnten Kontakt zum eigenen Sprößling bitter erkämpfen müssen.

Wie diese in Scheidungsfällen ganz alltägliche Situation von den Betroffenen erlebt wird, dokumentiert Karin Jäckel in dieser Sammlung authentischer Lebensgeschichten, die den Blick vom Leid der Frauen an zerbrochenen Familien auf das der Männer und der gemeinsamen Kinder lenkt.

»Karin Jäckels schockierender Sozialreport macht darauf aufmerksam, daß hier sozialer Zündstoff entsteht, der uns alle angeht – nicht nur ein paar zornige Mütter, verletzte Väter und verzweifelte Kinder.«

Eva Herold-Münzer

Erzählte Lebenshilfe im dtv

Torey L. Hayden
Sheila
Der Kampf einer mutigen jungen Lehrerin um die verschüttete Seele eines Kindes · dtv 30056

Harlan Lane
Mit der Seele hören
Die Lebensgeschichte des taubstummen Laurent Clerc und sein Kampf um die Anerkennung der Gebärdensprache
dtv 11314

Robert Lane
Robby
Ein Zeugnis für die Kraft des Menschen, Leid durch Verständnis und Liebe zu überwinden
dtv 30016

Doris Lund
Eric
Der wunderbare Funke Leben · dtv 11259

Jacques Lusseyran
Das wiedergefundene Licht
Die Lebensgeschichte eines Blinden im französischen Widerstand
dtv 30009

Das Leben beginnt heute
Erinnerungen und Begegnungen eines Blinden
dtv 30083

Rosalind McPhee
Wilde Wasser
Ich hatte Brustkrebs
dtv 36017

Anneliese Ude-Pestel
Betty
Protokoll einer Kinderpsychotherapie
dtv 30034

Ahmet
Geschichte einer Kindertherapie
dtv 30088

dtv

Arno Gruen im dtv

»Arno Gruen ist der erste Psychoanalytiker, der von Nietzsche geschätzt worden wäre.«
Henry Miller

Der Verrat am Selbst
Die Angst vor Autonomie bei Mann und Frau
dtv 35000
Heute aktueller denn je: der Begriff der Autonomie, der nicht Stärke und Überlegenheit meint, sondern die volle Übereinstimmung des Menschen mit seinen eigenen Gefühlen und Bedürfnissen. Ein Buch, das eine Grunddimension menschlichen Daseins erfaßt.

Der Wahnsinn der Normalität
Realismus als Krankheit: eine grundlegende Theorie zur menschlichen Destruktivität
dtv 35002
Arno Gruen legt die Wurzeln der Destruktivität frei, die sich nicht selten hinter vermeintlicher Menschenfreundlichkeit oder »vernünftigem« Handeln verbergen. Er führt vor Augen, daß dort, wo Innen- und Außenwelt auseinanderfallen, Verantwortung und Menschlichkeit ausbleiben.

Falsche Götter
Über Liebe, Haß und die Schwierigkeit des Friedens
dtv 35059
Der Psychoanalytiker Arno Gruen zeigt, daß die Entmachtung der Mächtigen nur im Inneren beginnen kann, indem jeder die Verantwortung für sich selbst übernimmt.

Der Verlust des Mitgefühls
Über die Politik der Gleichgültigkeit
dtv 35140
Solange Schmerz und Leid zu empfinden als Schwäche gilt, ist unser Menschsein verarmt und unvollständig. Das Buch entwickelt Wege, wie wir uns der Politik der Gleichgültigkeit bewußt werden und einen Ausweg aus der Sackgasse zu immer mehr Gewalt und weniger Mitgefühl finden können.